U0731619

国网江苏省电力有限公司

2023年度
管理创新
优秀成果汇编

国网江苏省电力有限公司◎编

中国电力出版社
CHINA ELECTRIC POWER PRESS

图书在版编目（CIP）数据

国网江苏省电力有限公司 2023 年度管理创新优秀成果汇编 / 国网江苏省电力有

限公司编 . -- 北京：中国电力出版社，2024. 9. -- ISBN 978-7-5198-9039-1

Ⅰ . F426.61

中国国家版本馆 CIP 数据核字第 2024TH4146 号

出版发行：中国电力出版社

地　　址：北京市东城区北京站西街 19 号（邮政编码 100005）

网　　址：http://www.cepp.sgcc.com.cn

责任编辑：孙世通（010-63412326）　柳　璐

责任校对：黄　蓓　工海南

责任印制：钱兴根

印　　刷：北京瑞木彩色印刷有限公司

版　　次：2024 年 9 月第一版

印　　次：2024 年 9 月北京第一次印刷

开　　本：710 毫米 ×1000 毫米　16 开本

印　　张：14.5

字　　数：225 千字

定　　价：98.00 元

本书编委会

主　编　　谢永胜　叶洪波
副主编　　张　强　卞康麟
编　委　　李志杰　徐建军　吴习伟　程　骏　黄　霆
　　　　　黄　峰　江陈桢　汤凯初　季欣荣　彭　欣

前　言

党的二十大擘画了以中国式现代化全面推进中华民族伟大复兴的宏伟蓝图，提出要深入实施创新驱动发展战略，完善中国特色现代企业制度，加快建设世界一流企业。国网江苏省电力有限公司（简称公司）党委明确了坚定不移在国家电网有限公司高质量发展中站排头、当先锋、作表率的中心任务，确定了"八个领先"工作目标和"六个高质量"主攻方向。新时代新使命，公司亟需以战略为引领，锚定"产品卓越、品牌卓著、创新领先、治理现代"世界一流企业建设目标，大力发展新质生产力，全面深化改革，广泛开展管理创新实践，系统性谋划高质量发展的新思路、新举措，不断强化科技创新、产业控制和安全支撑"三个作用"。

2023年，公司以"争先领先率先"的苏电精神为指引，聚焦国家电网有限公司战略落地实施的重点领域，针对管理诊断和对标分析发现的短板弱项，"指令性"为主、"自主性"为辅，系统策划布局，积极引进科学的管理理论，广泛借鉴国内外最佳实践，持续优化职责流程，不断提升效率效益，并及时总结提炼，培育输出了一批富有针对性、创造性、实效性的优秀成果。

为进一步加强先进管理理念和创新成果的交流共享，推动优秀管理创新实践在更大范围、更大程度发挥价值，公司秉承"传承与创新并举、培育与推广并重"的理念，由企业管理部（体改办）组织对公司荣获2023年度国家级、国家电网有限公司和公司表彰的优秀管理创新成果进行整理汇编，形成了《国网江苏省电力有限公司2023年度管理创新优秀成果汇编》，以飨读者。

CONTENTS
目 录

以零碳为目标的变电站全生命周期减碳管理

创作单位（部门）：国网江苏省电力有限公司无锡供电分公司

主创人：完　善、陈　晟

参与创造人：顾志强、惠　峻、钱　洁、倪　俊、缪立恒、
　　　　　　严　栋、陆　远、李传洋、黄　芬、朱　玥

荣获表彰：第三十届全国企业管理现代化创新成果二等奖
　　　　　（2023年）

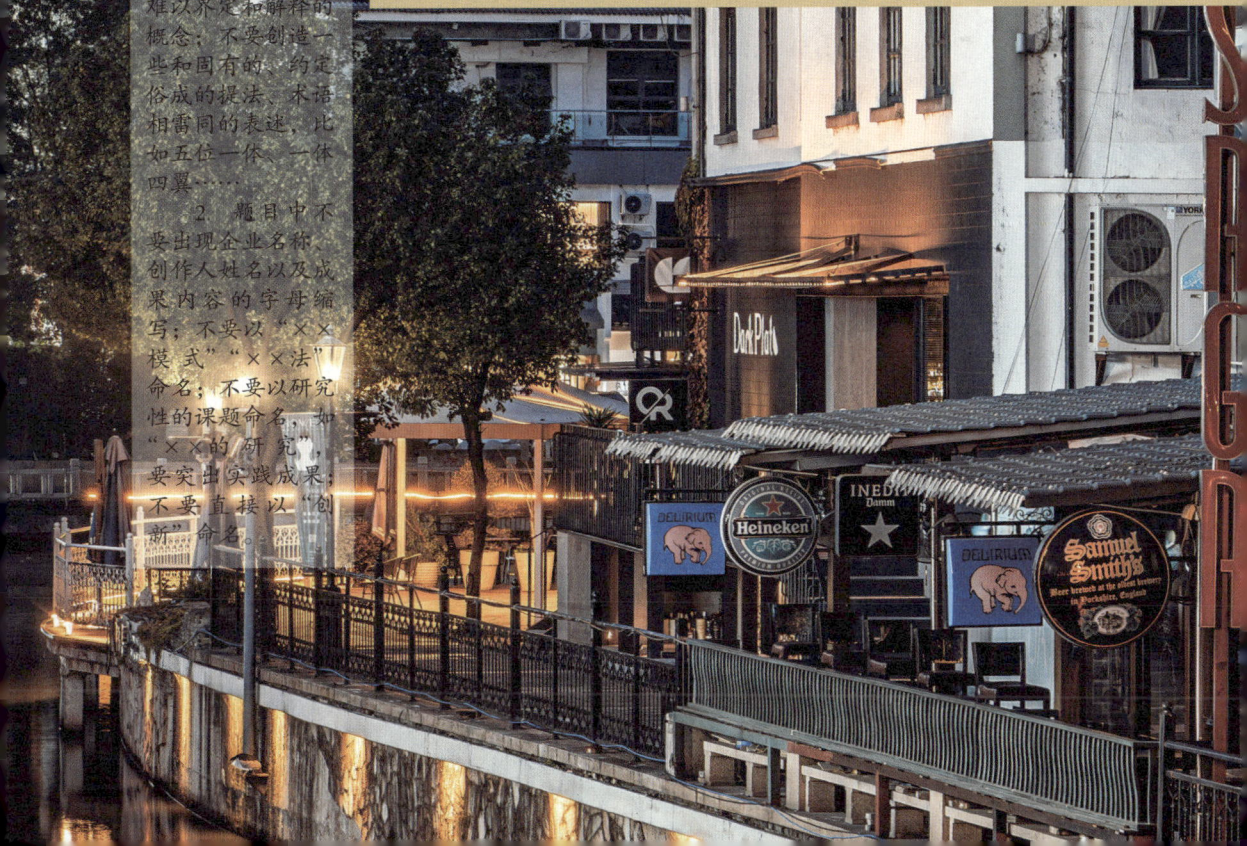

高度概括实施管理创新的目标、思路和原则。

系统总结创新管理关键措施。

精准提炼创新实施成效，并有效点题。

提示：不要提一些大而空的成效，要具体阐述，切忌以"取得了显著的管理效益、经济效益、社会效益、生态效益"作成效总结。

[摘要] 为实现国家碳达峰碳中和目标，促进电网低碳转型，无锡供电公司以零碳为目标、以变电站全生命周期碳排放指标管控为统领，以系统思维统筹变电站规划、建设、运维、拆建四大关键阶段，以"零碳规划、低碳建设、负碳运维、降碳拆建"为主线，以零碳变电站建设运行为关键路径，实现电网侧节能低碳转型。规划阶段将零碳理念融入选址、设计与采购，明确各阶段降碳目标与具体实施路径，以低碳设备需求，引领电力设备产业链低碳转型，促成全球首款洁净空气绝缘气体全封闭组合电器在国内首次落地应用；建设阶段推进低碳施工工艺全面应用，通过技术升级与现场管控，实现施工碳排放精准控制；负碳运维阶段能效提升与清洁能源利用双管齐下，推动自用电绿色转型，开展逐室控碳创新实践，实现负碳运维；降碳拆建阶段提升老旧设备循环利用率，开展精细化拆解、报废，推动报废再利用降碳实践。实施以来，国网江苏省电力有限公司无锡供电分公司建成国内首座110千伏零碳变电站，为促进能源清洁低碳转型提供有力支撑，在新型电力系统中具有良好的示范和推广价值。

国网江苏省电力有限公司无锡供电分公司（简称国网无锡供电公司）隶属国网江苏省电力有限公司（简称国网江苏电力），作为国家电网有限公司下属国有大中型企业，2019年7月纳入国家电网有限公司大型重点供电企业管理序列。国网无锡供电公司下辖2个县（市）公司，服务全市397.02万客户，拥有35千伏及以上变电站345座。2022年，无锡全社会用电量833.3亿千瓦时，完成售电量777.3亿千瓦时，调度最高用电负荷超过1500万千瓦，实现营业收入480亿元，资产总额210亿元。"十三五"期间，国网无锡供电公司积极推进能源供应清洁化，实现新能源并网容量114.76万千瓦；全力推动能源消费电气化，累计替代电量87.54亿千瓦时。近年来，国网无锡供电公司先后获得了全国五一劳动奖状、全国文明单位、全国工人先锋号、国家电网有限公司先进集体、国家电网管理提升标杆企业、国家科学技术进步奖二等奖、全国"安康杯"竞赛优胜单位、全国实施用户满意工程先进单位、全国实施卓越绩效模式先进企业等奖项，打造了公共服务领域的"无锡名片"。

一、以零碳为目标的变电站全生命周期管理背景

（一）服务国家"双碳"目标的责任担当

中央全面深化改革委员会第二十一次会议中指出，"十四五"时期，推进碳达峰碳中和，将为我国建成社会

简要介绍企业总体状况，包含企业隶属关系、主要历史沿革、所属行业、所有制类型、主要业务及主要经济指标等。

应重点展示与创新主题相关的、具有代表性的亮点荣誉。

以目标+问题为导向，从宏观、中观和微观3个方面，介绍为什么实施本项管理创新，分析当前企业面临的问题和内外部环境、条件的变化，反映企业开展管理创新的必要性、迫切性和所要达到的目标。

宏观背景采用国家维度，以中央会议精神为切入点，围绕中央全面深化改革委员会第二十一次会议"碳达峰碳中和"的总体部署，阐述电网企业深化能源电力技术创新，推动能源电力从高碳向低碳演进的重要意义。
提示：可以引入讲话、会议或文件精神，但务必精炼，要以道理阐述为重点。

主义现代化强国奠定坚实基础。我国是全球最大的碳排放国家，从碳排放结构来看，能源领域碳排放占全国总量的87%。因此，能源领域是实现"碳达峰"与"碳中和"目标的关键，任务最重、责任最大。电网是连接能源生产和能源消费的枢纽平台，到2050年，我国能源发展会出现"两个50%"，意味着一半以上的能源生产和消费将依靠电网来完成，是能源生产和消费革命名副其实的排头兵。作为责任央企，需要深化能源电力技术创新，推动能源电力从高碳向低碳演进，为推动我国能源清洁低碳转型和实现碳达峰碳中和目标作出积极贡献。

中观背景采用行业维度，以电力系统脱碳发展和国家电网有限公司加快建设新型电力系统为背景，阐述了实施零碳变电站全生命周期管理，对推动能源清洁低碳转型具有重要意义。

（二）推动企业可持续发展的长远之策

在能源革命与数字革命相融并进的当下，电力系统的脱碳是全社会零碳发展的关键，也是推动企业可持续发展的强劲动力。近年来，电网企业全面加快数字化技术与业务的深度融合，持续构建清洁低碳、安全高效的现代能源体系，国家电网有限公司基于"建设具有中国特色国际领先的能源互联网企业"的战略目标，立足"国民经济保障者，能源革命践行者，美好生活服务者"的战略定位，紧扣"一体四翼"发展布局，将可持续发展作为建设重点，提出并坚持"清洁低碳是方向、能源保供是基础、能源安全是关键、能源独立是根本、能源创新是动力、节能提效要助力"的原则，发布实施国内企业首个新型电力系统行动方案，争当能源清洁低碳转型的推动者、先行者、引领者。各级电网企业需要围绕电网可持续发展的重点，统筹发展和安全、保供和转型，以绿色低碳发展为主线，积极服务构建新发展格局。

微观背景采用创新实施主体维度，分析公司在促进变电站节能降碳方面的管理现状，存在改进的空间，具备改进的能力和基础。

（三）促进变电站节能降碳的必然要求

近年来，各级电网企业深化绿色转型升级，发挥电网连接源荷两侧的枢纽优势，在源侧推进清洁能源上网消纳，在荷侧推进电能替代和能源消费绿色转型，但对于自身碳排放关注较少。变电站是电力系统关键节点和主要组成部分，在建设、运维、报废等过程中也存在大量碳排放。以110千伏变电站为例，其全生命周期（30年）碳排放总量超过7.5万吨，相当于燃煤火电机组发电6521.7万千瓦时所产生的碳排放。目前全国共有变电站6万余座，仅国网江苏电力就有3316座，减排的压力和潜力巨大。当前多数电网企业对变电站碳排放管理的精细化管理理念尚未建立，缺乏对变电站全生命周期碳排放水平的研究和科学系统的碳排放数据管理方法，无法为变电站碳减排措施提供依据；碳管理较为粗放，缺乏系统思维，没有将零碳低碳的理念贯穿到变电站规划、建设、运维、报废全过程，对零碳、低碳、降碳最新技术、工艺、设备的引进不够，数字化支撑不足。供电企业需要在电能替代推动社会能效提升、减排增效的基础上，深入挖掘自身节能降碳潜力，聚焦变电站这一电网主要场所，以"零碳"为目标，推动变电站低碳转型，打造新型电力系统电网示范，积极助力能源节约型、环境保护型、发展低碳型社会建设。

二、以零碳为目标的变电站全生命周期管理主要做法

（一）科学制定目标策略，落实碳排放量化管理

1. 制定变电站全生命周期零碳管理目标

国网无锡供电公司全面贯彻绿色发展的理念，以变电站为主要减排对象，秉持"从全生命周期全面分析，对各环节部分透彻研究"的思路，对变电站不同阶段的各种

提出企业目前在该领域的管理现状，存在改进的空间，具备改进的能力和基础。

呼应背景的同时，与下文的做法、成效相衔接。

主要做法作为核心内容，一般分5～8条阐述创新实践的目标、思路、实施路径、具体措施、保障措施等。

本创新从明确目标思路、开展零碳规划、推进低碳建设、实施负碳运维、践行降碳拆建和强化人才支撑六个方面展开，逻辑清晰、框架严谨、内容充实。

提示：不应大量出现一是、二是、三是或首先、其次、再次的提法。

属于"举措+过程性效果"型标题，也可选择"举措"型标题拟订方式。

呼应背景中提出的"缺乏系统思维，没有将零碳低碳的理念贯穿到变电站规划、建设、运维、报废全过程"，明确"零碳规划、低碳建设、负碳运维、降碳拆建"管理主线。

碳排放进行归纳分析，综合考虑不同电压等级、不同地区变电站建设需求和可利用条件，以保障性能综合最优、环境扰动最小、全生命周期碳排放最少为目标，制定实施路径和技术措施，确立变电站全生命周期碳排放管理体系，树立央企绿色转型示范标杆，体现国企担当，展现社会责任，助力实现碳达峰碳中和目标落地，为能源绿色转型做出积极贡献。

2. 确立变电站全生命周期零碳实施策略

以"零碳规划、低碳建设、负碳运维、降碳拆建"为主线，聚焦变电站全生命周期中各环节碳排放源头，建立变电站碳排放模型，搭建碳排放评价体系，确定变电站在规划、建设、运行、拆建各阶段各项活动中碳排放表现形式和量化方法，推进实施变电站全生命周期碳管理。零碳规划阶段将零碳理念融入规划源头，采用要素统筹方法，融入数字技术，推进绿色选址、绿色设计，引领供应链上企业开展零碳设备科技创新与攻关，开展主设备碳评估，推动电网设备上下游产业链减碳实践，促成零碳设备落地应用；低碳建设阶段推进绿色施工工艺全面应用，编制绿色施工规范流程，推广结构化、预制化施工工艺，实现施工碳排放精准控制，推动变电站建设环节低碳实施；负碳运维阶段实现站用电光伏绿电替代，以光储一体化推进用能低碳化，采取逐室控碳手段，能源利用高效清洁；降碳拆建阶段强化各类资源循环利用，实施精细化拆解实现资源最大化利用。依托构建数字孪生平台，建立零碳标准体系，科学评价减排效果，形成数字化、标准化支撑保障体系，推进零碳管理可持续发展。以零碳为目标的变电站全生命周期管理体系框架如图1所示。

3. 搭建碳排放指标化管理零碳评价模型

国网无锡供电公司建立碳排放评价模型，并以此为核心建立数字孪生碳管理平台。一是确定主体与边界、计算

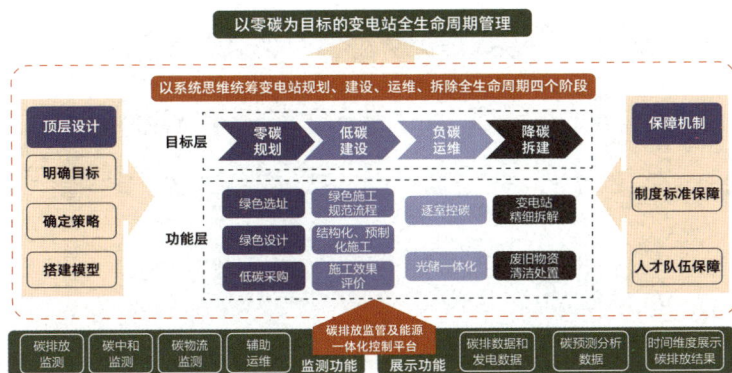

图1 以零碳为目标的变电站全生命周期管理体系框架图

在做法一中，围绕创新实施路径设计整体逻辑框图（破题），从做法二开始围绕框图内容逐一展开。

阶段与计算内容。以变电站项目为评价主体，将全生命周期内的规划、建设、运行、拆建阶段纳入碳排放计算范围。二是确定分项指标。将每一阶段的碳排放来源进行分类，归纳为建筑通用性指标和电力特征性指标两个方面的多个分项指标，确定各分项指标的计算评价方法。三是计算各阶段及全生命周期碳排放。将每个阶段的分项指标碳排放进行累加，得到各阶段的碳排放。将"变电站全生命周期碳减排率"作为评价变电站全生命周期低碳等级的标准。在此基础上，形成全生命周期碳排放指标管控，根据评价体系对项目的全生命周期进行碳排放的指标控制。一是分级制定项目目标，二是逐级实施目标管控，直到项目全生命周期完成后，进行项目的一级评价，与目标值进行比较，对全生命周期的目标完成度进行考核打分。以零碳为目标的变电站全生命周期评价指标体系如图2所示。

呼应背景中阐述的"数字化支撑不足"，提出建设全生命周期碳排放数字管理平台。

4. 建立全生命周期碳排放数字管理平台

国网无锡供电公司通过数字化手段进行监测、评估、控制降碳效果，实现变电站零碳运行。在站内配置数字孪生碳管理平台，通过设备端、平台端、用户端三个层级，实现数字化碳管理功能。一是碳排放监测，监测对象为变电站全生命周期管理中有可能直接或间接产生碳排放的环

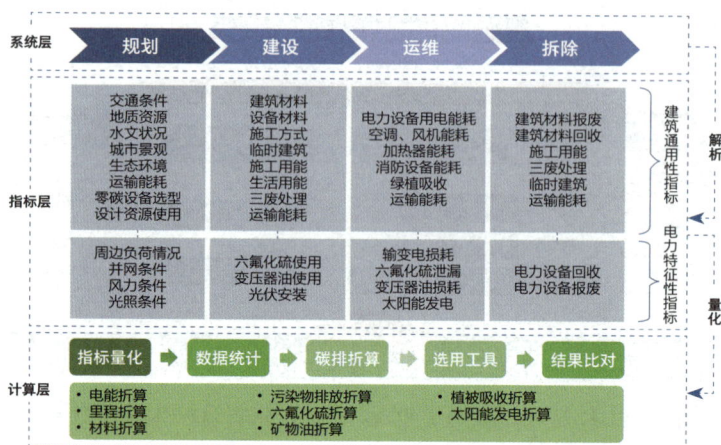

图2 以零碳为目标的变电站全生命周期评价指标体系图

节。其中固定碳排放数据计算根据实际物料、人工安排情况按照对应的折算因子，进行乘积折算；对产生持续碳排的环节进行实时监测（包括输变电设备损耗、站内用电能耗、站内水消耗等环节），并将其折算成碳排放。对于不具备使用洁净空气气体绝缘全封闭组合电器（gas insulated switchgear，GIS）的变电站或是存量变电站改造项目，采集室内压力与环境温度进行折算，以增加六氟化硫监测项。二是碳中和监测，监测对象为屋顶光伏、光伏建筑一体化（building integrated photovotltaic，BIPV）之类清洁能源等对站内碳排放进行补充中和的部分。当碳中和监测数值大于等于除设备损耗外的变电站碳排放时，即可认为该站是作为零碳排放变电站在运行。三是碳物流监测，针对不具备使用生物酯主变压器和洁净空气GIS的变电站，在进行变压器油回收更换或六氟化硫补气时，也会造成相应碳排放，因此应设置专门的碳物流监测环节，对单站和整个电网系统的碳排放物料进行监测统计。四是辅助运维，结合数字化三维设计成果，通过设备端、平台端、用户端三个层级，实现对主要设备（包括主变压器、GIS等）状态的监测、分析、预警，并辅助运维。通过该平台，提高变电站运维效率，实现远程分析、辅助决策、模拟检修，缩短现场作业时间；提高变电站检修有效性，减少无状况检修次数，变"按时检修"为"按需检修"。进而减少由于运维需要造成的人员、车辆出动，实现运维检修的智能低碳化。数字孪生碳管理平台如图3所示。

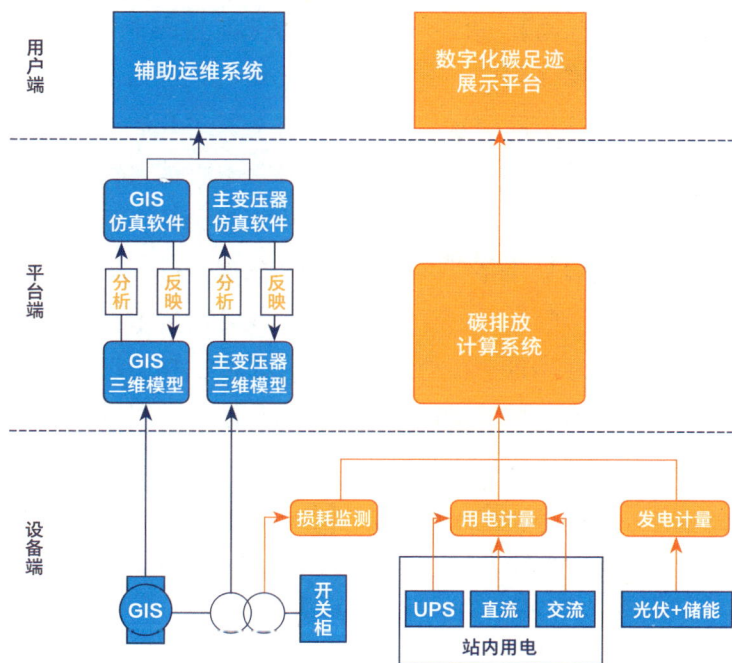

图3　数字孪生碳管理平台

（二）源头开展零碳规划，引领新技术落地应用

国网无锡供电公司基于绿色发展理念，从变电站生命周期的源头开展零碳规划设计，以零碳理念引领优化变电站选址、以数字化技术提升变电站设计、以新技术落地应用推动设备转型，全面规划变电站全生命周期低碳管理。

呼应背景中阐述的"当前多数电网企业对变电站碳排放管理的精细化管理理念尚未建立"，提出在变电站前期规划阶段，采用要素统筹方法，融入数字技术，推进绿色选址、绿色设计，全面规划变电站全生命周期低碳管理。

1. 基于要素统筹方法开展绿色选址

传统变电站碳排放主要来源于变电设备、建材生产及自身耗能，从规划源头入手，更新规划设计理念，前移碳管理关口，开展变电站绿色选址，使零碳目标的实现成为可能。一是优化变电站选址评估体系，在原有体系基础上，将太阳辐射量、光照时间、周边建筑高度等因素纳入评估体系，形成《国网无锡供电公司变电站绿色选址实施指南及评估规范》，指导各类型变电站选址过程中关注清洁能源高效、梯级利用。二是在规划选址过程中预留储能装置、充电桩等空间位置，待具备条件后及时开展充电桩、共享储能等设施建设。将储能设备和充电桩纳入祝塘变电站、东桥变电站、高巷变电站三个变电站设计，奠定未来变电站用能绿色内循环、低碳外循环发展基础。三是融入"城市家具"理念，统筹考虑城市现有建筑与未来规划、站址周边交通条件、落地工程的建设进度，功能设计契合居民生活需求，外观设计融入周边城市景观，以变电站建成后社会效益最大化为目标，打造高巷变电站、大学变电站、春阳变电站三个示范点，深度融入零碳城市建设，形成"名片效应"。

2. 融入数字技术推动设计低碳转型

变电站设计过程中，以改善变电站建筑结构设计、强化清洁能源利用、加强建筑节能为三大抓手，开展变电站绿色设计。一是以被动式建筑设计理念为引领，优化变电站建筑结构。运用无人机勘察、三维平台多专业协同设计、仿真模拟现场施工过程等数字化手段，优化变电站整体建筑朝向、通风性、采光性等，选用兼具保温、节能、防火特点的一体化集成墙板。应用建筑信息建模（building information modeling，BIM）技术进行精准布置，优化门窗布局、选材与采用工艺，充分利用自然资源，从源头降低变电站建筑自身制冷制热能耗。站内场地优选少维护耐候性强的绿植，设计一体化泵站雨水收集再利用系统对绿植进行灌溉，在实现循环节约用水的同时，起到抵消设备用电与日常运维活动碳排放的作用。二是强化清洁能源利用，优化站用电结构。在变电站主体建筑及生产辅助用房屋顶铺设光伏建筑一体化（BIPV）光伏瓦，在建筑墙面安装光伏幕墙，合理设计光伏发电装置的数量和布局，最大化利用太阳能资源。三是提升设计成效，减少额外能耗。建设方案设计中，提前预埋管线，为部署变电站能源管控系统提供物理基础。施工方案设计中，应用BIM技术，通过多软件协同实现三维钢结构正向设计，实现全过程三维流转，深化建筑模型至加工精度，提高材料统计的准确率，精确指导现场施工，减少施工损耗。施工图设计中，利用自主开发的电缆自适应敷设设计技术、三维校审功能等，实现站内布置的路径优选和材料量精确统计，充分利用三维设计的优势，节约物料、缩短施工时间。

3. 推动新技术落地引导零碳产业化

在规划设计阶段，提前考虑变电站主设备自身造成的碳排放，通过采购需求引领供应链厂家研发设计的新型零碳变电设备，推动设备降碳技术创新，引领绿色转型升级。一是以需求侧驱动供给侧技术创新，发挥电力设备产业链"链长"作用，组织召开零碳变电设备设计联络会议，结合现场实际需求，协同设备制造厂商确定零碳变电设备技术特性、使用环境条件等方面细节参数。编制发布技术规范、签订技术协议、规范型式试验报告，打通绿色低碳科技创新落地应用难点堵点。确定天然酯主变压器和洁净空气气体绝缘全封闭组合电器（GIS）等关键设备，实现"最可怕的温室气体"六氟化硫在变电站设备中的零使用目标。二是开展变电站全生命周期降碳经济性分析，基于设备降碳技术方案，针对每项绿色低碳新技术准确计算单位增加投资降碳效果，开展风险分析，识别设计、施工、采购等建设全过程的优势和风险；开展投资分析，比对多种投资方案，先后探索设计采购施工总承包、设计施工总承包等建设模式，确保在保障零碳排放的技术上实现投资最优。经招标采购引进世界首款洁净空气GIS设备，实现国内首次应用，促进行业内同类设备生产厂家的生产研发。三是完善国家电网有限公司绿色设备采购技术规范，根据《国家电网有限公司物资计划管理办法》，制定国网无锡供电公司零碳物资申报管理规范。主要内容包括物资申报流程、申报要求两方面，规范了申报项目前期准备、紧急物资申报与采购批次安排协同要求、物资申报要求及注意事项、特殊物资前期调研要求等内容，保障重大项目物资及时、有序申报。该规范可以指导项目单位，按流程有序、顺畅开展零碳、低碳物资申报，保障重大项目物资采购活动顺利开展。

呼应背景中阐述的"无法为变电站碳减排措施提供依据""对零碳、低碳、降碳最新技术、工艺、设备的引进不够，数字化支撑不足"等问题，提出通过规范流程、引进公益、开展数字化评价，推进低碳建设，有力推动保障性能综合最优、环境扰动最小、全生命周期碳排放最少的目标实现。

（三）规范推进低碳建设，多举措改善施工细节

国网无锡供电公司通过科学管理和技术创新，确立基于"绿色规划、绿色设计、绿色施工、绿色移交"的建造流程，有效降低建造全过程对资源的消耗和生态环境的影响，整体提升输变电工程绿色建造水平。

1. 编制首个变电站绿色施工规范流程

国网无锡供电公司构建零碳变电站绿色建造的框架体系，结合变电站特点以及无锡地区电网工程建设的独有特色，形成新的绿色建造规范标准以及典型绿色建造方法。

介绍编制发布规章制度时，不要仅作单纯的罗列，应适度展开内部的管理逻辑，体现举措创新性。

一是提出"两型三化"顶层设计标准。秉承"绿色低碳型、节能环保型、精益化管理、标准化设计、智能化建造"的建设理念，将变电站零碳建设经验固化为《110千伏变电站节能设计标准化流程》《110千伏变电站暖通设计指导书》等四类十个文件，促进变电站零碳建设标准化、规范化开展，同时在输变电工程建设顶层设计方面，因地制宜对建

造全过程、全要素进行统筹，科学确定输变电工程绿色建造目标及实施路径。二是组织编制《绿色建造总体策划》，在工程可研阶段统筹考虑绿色建造相关要求，在可研批复后完成绿色总体策划，对建造全过程、全要素进行统筹，体现绿色化、工业化、信息化、集约化和机械化特征。制定合理减排方案，明确建筑垃圾减量化、环境保护、节材与材料资源利用、节水与水资源利用、节能与能源利用等目标。三是组织编制《绿色施工策划》，组织施工单位在工程开工前，遵循"资源节约、环境和谐"的原则，结合工程施工现场及周边环境、工程实际情况等进行影响因素分析和环境风险评估，并依据分析和评估结果进行绿色施工策划。四是沉淀积累形成绿色施工规范流程，将变电站建设施工过程中相关绿色建造策划、绿色施工策划中可以固定下来的绿色施工技术、施工规范、施工流程等整理形成企业级绿色建造规范流程，明确施工过程中具体施工绿色参数、量化指标，形成《幕墙光伏安装指导手册》《屋面BIPV光伏安装指导手册》等技术规范，指导后续变电站绿色建设。

2. 推广应用结构化、预制化施工工艺

国网无锡供电公司不断吸收和引进最新绿色施工工艺，以结构化、预制化等工艺手段，确保施工过程中的碳排放持续走低。一是引入结构化、预制化工艺，推广应用结构化施工工艺，屋外散水、雨水检查井圈井盖、视频监控基础和照明灯具基础均采用预制构件，减少现场切割作业；结构化钢结构主体采用全栓接技术，实现无明火作业、零交叉施工、全预制建设；制定合理施工能耗指标，提高施工能源利用率。采用适合于施工平面布置的多层轻钢活动板房、钢骨架水泥活动板房等标准化、预制化结构，减少临时用房碳排放。二是"永临结合"减少资源消耗与浪费，施工现场道路按照永久和临时相结合的原则布置，最终形成环形通路，减少道路占用土地，后期直接永久使用。在施工现场设置新能源充电桩，便于施工单位新能源汽车、新能源手推车、新能源工器具等现场使用。用电设备结合后期充电桩建设、路灯建设，合理选择电源点，便于投产后直接变更用途。三是合理安排施工布局和施工工序，即合理安排施工顺序、工作面，以减少作业区域的机具数量，相邻作业区充分利用共有的机具资源。

3. 开展数字化评价确保清洁低碳移交

国网无锡供电公司严格执行验收移交标准，一是合规完成环保验收，由第三方检测机构开展工程项目大气污染、固体废物污染、噪声、电磁环境等相关检测，并在规定期限内完成环保验收、水保验收工作。二是总结提炼绿色移交专项报告，建设单位组织设计、监理、施工等参建单位及时总结所移交项目在绿色设计、绿色施工中的实施情况，编写项目绿色移交专项报告，提炼形成绿色建造移交成果。依托数字化应用交付平台，按照绿色移交标准向运维部门移交成果。三是开展绿色建造效果评估，工程竣工后，结合达标投产考核开展绿色建造评价，全面评估绿色建造成效。评估内容包含绿色设计、绿色施工、节能环保、低碳减排等方面。建设单位组织各参建单位对效果评估的具体内容、参考标准、评估结果以及证明材料等进行汇总，形成绿色建造效果评估表，组织开展绿色建造自评价。以无锡春雷变电站为例，评估结果表明，施工现场材料循环使用率提高30%，达到持续性节水节电，施工现场办公区、生活区节水器具使用率达到100%。

响应背景中提出的"缺乏对变电站全生命周期碳排放水平的研究和科学系统的碳排放数据管理方法"，提出"逐室控碳"和"光伏一体化"两项举措，全面实施负碳运维。

（四）全面实施负碳运维，双管齐下优化站用电

国网无锡供电公司依托数字化技术，对变电站运行碳排放进行监测、管理，结合绿色能源补偿，实现对变电站

运行阶段碳排放的抵减，以达到变电站"负碳"运维的目标。

1. 以逐室控碳实时化推进节能降碳

针对变电站自用电部分，以可调可控建筑温度调节用能为聚焦点，通过开展"逐室控碳"实现柔性节能控制。一是以站内小室为单元开展逐室控碳。国网无锡供电公司以变电站小室为单位，确定每个小室的气体泄放源的位置，根据每个小室的空间构造抽象权重时空分布模型，并确定权重阈值。根据所有温室的气体泄放源的气体浓度以及所述权重时空分布模型计算所有温室的碳排量。二是明确逐室控碳具体对象。从空间分布的视角来进行碳监测，将变电站每个小室内包括风机、空调、照明、继电保护设备在内的碳排放分别梳理，提供更全面的数据分析。三是数字化手段提升暖通设备运行效率。研究应用智能环境控制系统，根据室内外环境温度变化，自动调整送风装置的送风量，从而降低风机的运行功率。研究应用精准送风系统，将制冷空气从屏柜下方直接通到屏柜内部，达到"先冷设备后冷环境"的效果；在柜内加装温度传感器，实时感应，以此作为分配出风量的依据，最大化利用空调制冷量。

2. 以光储一体化推进自用能清洁化

变电站自身用能同样存在碳排放，以110千伏变电站为例，年均自用能能耗超过20万千瓦时，相当于火电碳排放157吨，是运行阶段节能减排的重点领域。国网无锡供电公司充分利用太阳能资源，部署储能设备，优化光储运行配合，提高新能源发电消纳，实现变电站自用能源清洁化。一是以分布式光伏替代常规用能。在零碳变电站内配置光伏发电设备，以无锡110千伏高巷变电站为例，全站配置新型智能建筑产能材料BIPV，全站布置总功率为234千瓦，全年光伏发电量约为30万千瓦时，满足日常自身用能需求，同时可提供余量上网。二是结合分布式能源配置储能系统。为在夜间及阴雨天气实现清洁能源替代，并在光伏发电高峰确保消纳，在站内配套安装储能系统。同样以无锡110千伏高巷变电站为例，站内配置储能电池容量1.2兆瓦时，可储存2天剩余电量、至少提供1天站内能耗，实现清洁能源全额消纳，并确保夜间用能需求。三是建设一体化电源管理系统。在站用电交流母线柜设置旁路母线，将光伏和储能接入其中，推动绿电最大化利用。变电站正常运行时通过光伏及储能为站用电系统供能，当长期阴雨天气导致光伏及储能功率均不足或启动随机负荷时，自动调节为站用变压器补充。

（五）践行降碳拆建，以循环利用实现双重降碳

呼应背景中提出的"没有将零碳低碳的理念贯穿到变电站规划、建设、运维、报废全过程"，提出"主体精细拆解"和"废旧物资清洁处置"两项举措，强化各类资源循环利用，实现资源最大化利用。

国网无锡供电公司强化各类资源循环利用，实施变电站废旧物资精细化拆解、无害化处置，实现资源最大化利用。

1. 推进变电站各类主体精细拆解

电力企业的废旧物资90%以上是由回收商整体回收，进行拆解后按物资类别进行处置，造成了可循环利用资源的浪费，再生产过程间接导致了碳排放的提升。国网无锡供电公司推进变电站各类主要设备的精细化拆解，依托国家电网废旧拆解中心建立的契机，进一步提升废旧物资回收利用效率。一是变电设备精细拆解，针对可拆解为多类金属材料的变压器等设备，通过拆解实现回收价值提升，同时实现零部件的重复利用。二是采用低碳拆除技术，通过应用BIM技术进行施工模拟，制定合理的拆除计划和施工方案，将机械拆除和人工拆除有机结合，采用低能耗、高效率的施工机械，从而缩短施工时间、降低能源消耗、减少人工数量，可有效降低拆除过程中的碳排放。三是循环利用建筑废弃物，利用拆除的木材制作成周转箱，利用

废旧玻璃二次加工后制作成再生玻璃、装饰材料和玻璃沥青混凝土等。通过循环利用建筑废弃物，降低废弃物填埋造成的碳排放，同时实现对新材料生产的碳补偿，达到双重降碳效果。

2. 强化变电站废旧物资清洁处置

无锡电网年均拆除迁建各电压等级变电站5座，过程中不合理报废、处置方式不当、危险废弃物处置等直接引发的碳排放约为32万吨，亟待开展危废物资再利用工作，引领优化废旧物资清洁处置。一是构建废旧物资循环利用体系，应用物联网、区块链等技术手段加强变电站废旧物资利用全流程核查溯源管理，引入具备先进绿色处置技术的回收商，利用机器人流程自动化等新技术对废旧物资进行再利用工作，推动废旧物资及时性、规范化处置，提升废旧物资利用水平。二是强化危险废弃物环保处置，针对废旧变压器油、废旧蓄电池、废旧绝缘子等物资，邀请市生态环境局指导危废物资全过程管理，明确存储、运输、处置、循环再利用流程，跟踪监控循环利用全过程，实现废弃物环保处置。

从人才培养角度，提出"专业协同"和"积分制考核"两项举措，保障零碳变电站全生命周期管理创新实施质效。

（六）构建人才培养体系，形成跨专业强力支撑

1. 搭建跨专业融合推进机制

为实现零碳变电站全生命周期管理水平的不断提升，转变以部门为协作单位的传统思维，打破原有组织界限和专业壁垒，抽调跨部门、跨专业的业务骨干成立"零碳、零能"项目柔性团队。一是形成项目柔性团队，实时调整成员组成。在变电站全生命周期管理的不同阶段，分别形成以发展部、建设部、设备部为牵头部门，贯穿财务、人资、物资、党建、安监以及电网规划、建设、运检、调控等核心业务，将经研所、设计公司、项目中心等部门纳入其中，打造全业务链条的管理组织架构。二是建立工作例

会机制，定期召开工作推进会。加强各部门横向沟通、纵向协同，周协调会汇报项目进度、协调解决跨部门、跨专业的重大事项，月推进会梳理重要项目节点、把握工作整体进度。建立重大事项讨论会机制，组织设备厂家、施工单位、政府部门等外部利益相关方共同参与，科学解决实施过程中的重大问题。

2. 构建基于责任的积分制考核机制

国网无锡供电公司构建积分制考核机制，压紧压实个人管理责任。采用"揭榜挂帅"的方式分配项目实施具体任务，实行"个人负责制"，充分发挥成员的专业优势和协作优势。构建积分制考核机制，将外出调研、集中学习、方案讨论等常规工作纳入"日常打卡"考核内容，将制定减碳措施、撰写专题报告、协调重大问题等重要工作成果纳入"贡献打卡"考核内容，从成员参与度与贡献度两方面进行考核激励，充分调动积极性。

三、以零碳为目标的变电站全生命周期管理的效果

（一）推动"双碳"目标落地，生态效益显著

国网无锡供电公司实施变电站"零碳规划、低碳建设、负碳运维、降碳拆建"全生命周期管理，实现全生命周期碳排放最少，支撑电力系统节能降碳转型，取得了显著的生态效益。截至2023年6月，已建成国家电网有限公司首座绿色认证零碳变电站1座，近零碳变电站7座，推动在全域345座35千伏以上变电站进行节能降碳。全站设备运行期间环保无害，年均减少碳排放201吨。全域变电站通过节能减排举措，累计开发绿电资源7.71兆瓦，

实施效果反映创新成果实施后取得的管理效益、经济效益、社会效益、生态效益等，视成果特点，选择3~4方面开展阐述。应紧扣主题，回答背景提出的问题，呼应做法中的创新举措，避免"无因之果"和"有因无果"的现象发生。
提示：
1. 注重实施成效的总结提炼（定性）和实效佐证（定量）的有机结合。
2. 可重点展示来自政府、行业、上级单位、社会媒体等方面的工作肯定。

累计提供绿色站用电超过900万千瓦时，折算减少碳排放7146吨。

引领地区低碳生态城建设，在提高供电服务质量的同时，引导居民形成低碳生活理念。建成初期线路负荷较轻，年均累计输入电量约为1597万千瓦时，贡献国内生产总值（gross domestic product，GDP）约3.36亿元，可支撑居民收入约2848万元。零碳变电站全生命周期减少碳排放7.5万吨，折合约为3125亩（1亩≈666.67平方米）森林一年的碳吸收量，按欧盟碳交易期货市场2023年6月交易价格折算，价值约647.63万欧元（折合人民币约5135.56万元）。

（二）提升电网建设运营水平，管理效益突出

无锡零碳变电站设计获中国电力规划设计协会优秀设计一等奖，通过运用BIM技术、预制化模块、智慧工地等手段，实现"工期-质量-成本"三赢，缩短施工周期至

5个月，较同类型变电站施工周期缩短58%。填补了国家电网物资库词条空白，形成绿色采购技术规范书，推动零碳科研成果落地。形成精益建造管理方式，运用BIM技术、VR技术协同工作方式，提高设计效率；运用一体化墙板、预制构件，实现工厂标准化和模块化生产，实现变电站建设减排，将管理经验固化为《110千伏变电站节能设计标准化流程》《绿色建造总体策划》《幕墙光伏安装指导手册》《天然酯主变压器检修细则》等四类十个指导文件，为后续电网零碳发展提供实践经验、技术储备和数据支撑。

响应国家鼓励中央企业促进低碳零碳负碳关键核心技术应用的号召，推动电力设备零碳产业化发展，促进《国家重点推广的低碳技术目录》中变压器用植物绝缘油生产技术的国产化发展；引进国际首个洁净空气绝缘GIS设备，助力该技术获评国际领先水平认证。

（三）建成首个零碳变电站，社会效益明显

国网无锡供电公司构建零碳变电站"零碳规划–低碳建设–负碳运维–降碳拆建"全生命周期管理模式，开展变电站全生命周期碳排放管理理论与应用研究，建成国内首个110千伏零碳变电站，吸收国内外零碳设备最新科研成果，运用数字化手段与精益建造管理理念，形成变电站全生命周期管理零碳实践路径，为全国的变电站碳管理提供了经验。

零碳变电站项目丰富了企业特有品牌——"电蜜蜂"的绿色内涵，通过向社会发布《"蜜蜂行动"履责指南》《社会责任白皮书》，不断推动包括"绿网降碳""绿色太湖""绿色出行"在内的多项驱动绿色发展的多项行动，国网无锡供电公司凝聚各方共识，推动价值共创，对内形成全体员工履责理念的统一，对外促进绿色发展理念的树立。

　　首座零碳变电站受到新华社、江苏省委新闻网、澎湃网等多家新闻媒体关注报道，在以新能源为主体的新型电力系统中具有良好示范效应。建成以来，国家电网有限公司科技部、国网江苏电力主要领导和相关部门负责人，国网北京市电力公司、国网上海市电力公司、南瑞集团有限公司等十余家单位先后参观调研，建设管理经验被列入国家电网系统培训课程，数字化零碳变电站管理经验广泛传播。

2

基于正向心理学的安全管理提升实践

创作单位（部门）：国网江苏省电力有限公司

主创人：文　博、谢永胜

参与创造人：孙　鹏、陈宏钟、李学军、王铭民、李志杰、
　　　　　　张　淼、范志颖、嵇　托、夏　毅、张　昱

荣获表彰：国家电网有限公司2023年度管理创新成果一等奖

[摘要] 为支撑"一体四翼"高质量发展,积极应对安全生产面临的风险和挑战,提升本质安全水平,国网国际发展有限公司和国网江苏省电力有限公司开展深度合作,以互学互鉴共同提升的新模式,围绕国内外安全管理异同,重点学习国网国际发展有限公司参股的国网澳洲资产公司在安全管理方面推广应用的"正向心理学、Hudson安全文化、风险管理"的先进理念和作法,协同创新、凝聚共识,形成聚焦电网企业安全管理全方面、全链条优化升级整体方案。以世界最佳安全实践为标杆,应用Hudson模型评估安全文化成熟度,明确安全管理体系建设总体目标和实践路径;推广正向安全理念,打造主动型安全文化;以风险量化为基础,强化安全风险闭环管控;完善现场安全管理体系,夯实安全管理基础;健全长效运行机制,巩固提升工作质效。通过理念、工具、方法的融合创新、应用实践,打造了国网海外资产与国内电网企业相互学习借鉴的先行典范,树立了新型安全理念和文化,提升了安全管理体系的科学性,安全管理水平持续提升,安全管理品牌效应彰显,更好地助力高质量推进世界一流企业建设。

国网国际发展有限公司（简称国网国际公司）成立于2008年6月，是国家电网有限公司实施海外电力能源资产投资运营的主体公司，依托国家电网有限公司综合优势，积极开展境外能源电力领域的存量资产并购、绿地项目开发建设及资产运营管理，境外资产地理分布覆盖4大洲9个国家和地区，区位涵盖新兴市场与成熟发达市场，资产类型以受监管的输配电、天然气业务为主，形成了地域领域多元、监管环境稳定、业务风险可控的长期基础设施资产投资组合。2014年，国网国际公司成功投资并购国网澳洲资产公司（简称AA公司），自收购以来，AA公司未发生过重大人身伤亡事故及设备事故，未发生过电网、配气网或网络事故，可记录总工伤事故频率（TRIFR）等关键指标持续下降。在新加坡举办的世界安全与卫生大会上，以卓越的安全管理，获得了年度"全球最佳安全与健康工作场所奖"。近年来，AA公司围绕"正向心理学、Hudson安全文化、风险管理"三个核心理念和方法开展的安全管理工作和经验对于国家电网公司系统深化安全管理，提升安全管理体系水平，具有参考和借鉴意义。

国网江苏省电力有限公司（简称国网江苏电力）是国家电网有限公司系统规模最大的省级电网公司之一，现有13个市、58个县（市）供电分公司和17个业务单位，服务全省4972万电力客户。江苏电网拥有35千伏及以上变电站3316座，输电线路10.8万千米。国网江苏电力满功率安全运行锦苏特高压直流，建成±800千伏雁淮、锡泰、建苏直流和1000千伏淮南—上海交流工程，形成"一交四直"特高压混联，"七纵七横"500千代输电网的坚强网架。2022年，江苏全社会用电量7399.5亿于瓦时，同比增长4.2%。售电量6461.2亿千瓦时，同比增长4.3%。营业收入4181亿元，同比增长15.3%，利润60亿元，资产总额3344亿元，业绩考核连续十一年保持国家电网系统第一名。全年全网最大负荷86天过亿、最高1.31亿千瓦，客户满意率保持99%以上，综合线损率下降至3.07%，供电质量全面领先，是年均停电时间最少的省份之一。

一、基于正向心理学的安全管理提升实践的背景

（一）贯彻党中央决策部署，履行电网企业安全生产主体责任的必然要求

安全生产事关党和国家发展大局。党中央、国务院高度重视安全生产工作，强调要牢固树立"人民至上、生命至上"的安全发展理念，始终把安全生产放在首要位置。2019年11月，中央政治局第十九次集体学习，强调：要健全风险防范化解机制，坚持从源头上防范化解重大安全风险，真正把问题解决在萌芽之时、成灾之前。2022年10月，中国共产党第二十次全国代表大会提出"推进安全生产风险专项整治，加强重点行业、重点领域安全监管"。2023年3月，辛保安董事长在视察AA公司时，特别提出了秉承以人为本、坚持正向引导的安全管理理念的有着重要意义。电网作为国家重要的基础设施、战略设施，电网安全事故不仅影响经济安全，而且影响政治安全和社会安全。围绕学习贯彻习近平总书记关于安全生产的重要指示精神，电网企业必须认真履行安全生产主体责任，进一步加强和规范安全生产管理，保障从业人员的安全与健康，有效防范各类安全生产事故的发生，打造安全可靠的电网，切实保障人民群众生命财产安全和社会大局稳定，为经济社会高质量发展保驾护航。

（二）落实国网安全管理要求，支撑"一体四翼"高质量发展的有力保障

国家电网有限公司始终把大电网安全作为重中之重，认真贯彻党的二十大精神，全面落实习近平总书记关于安全生产的重要论述，树牢安全发展理念，培育安全文化土壤，落实安全生产责任，坚决守牢安全生命线。2022年4月，在国家电网有限公司安全生产电视电话会议上，辛保安董事长强调："要始终坚持人民至上、生命至上，始终保持如履薄冰、如临深渊的高度警觉，统筹发展和安全，全面落实国家安全生产15条重要举措，扎实开展安全生产隐患大排查大整治，举一反三、标本兼治、从严从实抓好安全生产，坚决确保公司安全生产局面稳定。只有树立正确的安全理念，建立科学的安全管理体系，培育积极主动的安全文化，在落实上下真功、在执行上拼全力，才能将安全贯穿公司生产运营的各个方面，有力支撑'一体四翼'高质量发展。"

（三）提升员工主动安全意识和能力，筑牢公司安全生产防线的迫切需要

人是安全生产的第一要素，是安全生产的主体，在安全生产过程中起着主导作用，员工的健康和安全直接影响着企业的发展质量和运营效益。国网国际公司和国网江苏电力作为国家电网有限公司所属海外能源电力业务和国内电网业务的特大型企业，在长期的生产实践中，均已建立了较为完备的安全制度体系、较为完善的安全组织体系和安全管理体系，形成了良好的安全文化氛围，但两者同样面临安全管理点多、线长、面广的现实问题，安全管控难度较大，少数员工安全意识淡薄、作业行为不规范导致的各种安全问题始终难以根治。如何提高员工安全管理意识和转变安全管理行为，才是持续提升安全管理水平的关键。只有从理念和文化入手，不断提升员工主动安全意识和能力，切实肩负起安全管理主体责任，才能从根源上最大限度防范安全事故发生，最大限度保证安全生产，筑牢公司安全生产防线。

二、基于正向心理学的安全管理提升实践的主要做法

（一）制定总体目标，明确建设路径方法

聚焦安全生产实际需要，国网国际公司提炼总结AA公司安全管理先进理念，在与国网江苏电力合作中共同探讨交流，互学互鉴，以经验互通、观念碰撞、思维互换的方式反思现状，汇聚安全管理提升新思路。将AA公司正向引导的安全管理理念为范本，以安全文化成熟度诊断评估为基础，推动开展一系列正向心理学为基础的安全管理提升实践。

1. 诊断现状，应用Hudson模型评估安全文化成熟度水平

国网国际公司和国网江苏电力以Hudson职业健康和安全文化成熟度模型［简称Hudson模型，该模型由帕特里克·赫德森（Patrick Hudson）教授提出并开发，已在国际电力、石油、天然气等能源企业得到广泛认可与应用，是很多高风险行业、企业安全管理的方法论和工具模型］为工具，对安全理念和安全文化的现状及成熟度进行客观评价。通过从Hudson模型五个因子、

二十一个子维度开展全面评估，不仅确定两家公司目前的安全文化成熟度阶梯等级均为计算型，与世界一流企业安全文化水平存在差距，也进一步定位了安全管理过于依赖自上而下的管控方式、员工队伍主动安全意愿和能力不足等安全管理的薄弱环节，如图1所示。

图1　Hudson模型五级安全文化成熟度阶梯

2. 分析问题，引入正向心理学促进安全管理理念转变

国网国际公司和国网江苏电力深入分析AA公司安全管理最佳实践，围绕以人为本的安全生产理念，从转变观念开始，引入"正向心理学"（positive psychology）理论，将"软引导"与"硬约束"相结合，建立基于正向引导的安全管理新理念。通过将正向心理学理论应用到安全管理当中，建立起更加信任与宽松的安全管理环境，充分相信并授权员工，鼓励员工主动发现、提出安全管理问题并积极反馈，激励员工参与到安全问题改进和提升过程，最大限度激发员工进行主动安全管理的意愿和能动性。

3. 设计方案，确定总体目标和实施路径

通过交流学习和相互借鉴，在分析国内外安全生产法律法规、生产经营模式等差异性的基础上，结合Hudson模型诊断结果，国网江苏电力确立了"134"安全管理提升的新方向："1个目标"，以Hudson模型成熟度"主动型"为近期目标、"内生型"为远期目标，远近结合；"3个核心"，聚焦"人身、电网、设备"大安全要求，以主动型安全文化建设、安全风险闭环管控和现

场安全管理体系完善为核心开展安全管理提升实践；"4大保障"，从组织体系、制度标准、奖惩机制和数据管理四方面健全长效运行机制，确保安全管理提升的质效。安全管理体系建设整体方案如图2所示。

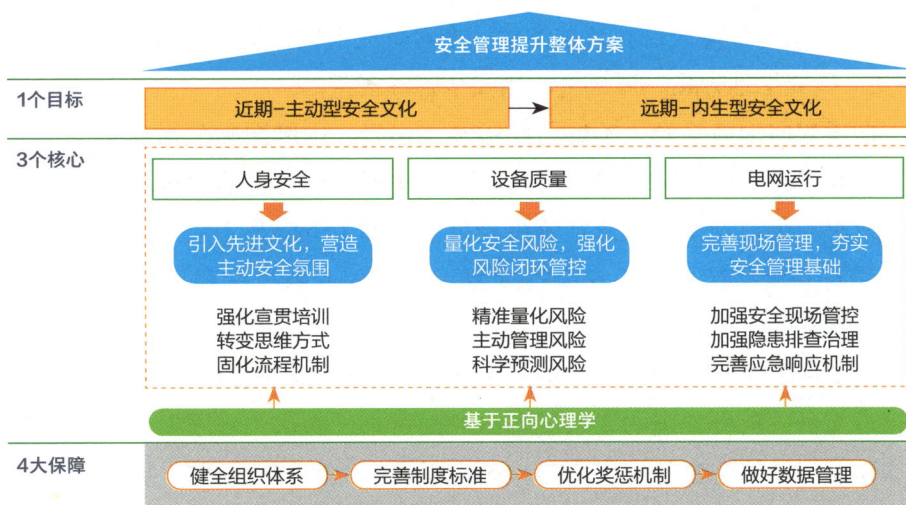

图2　安全管理体系建设整体方案

（二）引入先进文化，营造主动安全氛围

文化是行为的驱动，是公司与员工在安全管理上的共鸣。国网国际公司和国网江苏电力分析正向心理学的基本特征，大力开展主动型安全文化的学习引入，从思想灌输走向引导共识，积极营造主动、人性化的安全文化氛围。

1. 强化宣贯培训，推动先进理念深入人心

组织先进安全理念培训学习。国网江苏电力开展多次"安全与风险管理领导力"培训，提高员工对安全文化与安全绩效之间关联度的理解，掌握Hudson模型方法论和明确持续改进的方向。组织各部门、各单位学习借鉴国网国际公司关于正向心理学、Hudson模型的学习和应用经验，引导员工思考分析现有工作方式和作业方法，帮助其归纳、总结并尝试解决共性问题。

开展主题活动引导先进理念落地落实。国网国际公司持续开展安全文化主题活动，引导员工切实发挥安全主体责任，主动参与安全管理活动，积极贡献力量提升安全管理水平。组织各种安全图片展、事故总结会、安全模范

标兵评选等活动，强化安全文化宣传。国网江苏电力组织各单位开辟月度公示区与经验交流平台，挖掘传讲班组与员工正向行为的典型经验、鲜活故事等，针对投身安全生产的各级各类典型人物或集体进行专题宣传。打造"烽火人物"安全品牌，持续挖掘奋斗典型，每月张榜公布安全生产工作贡献"烽火榜"，设置专项激励，在评先评优、推荐选拔中进行优先推荐。

2. 转变思维方式，形成主动型安全管理模式

搭建双向沟通平台，了解与倾听员工声音。国网国际公司建立了"自上而下"和"自下而上"的双向沟通渠道，实现信息传递的对等。国网江苏电力在班组、公司安全管理总结分析会议上增加了听取员工意见环节，充分听取员工对安全生产活动、安全管理要求等方面的意见和建议，了解现场作业，明确基层关注重点。

鼓励员工参与管理，激发员工积极性。国网江苏电力组织基层员工与各级管理人员、负责安全的专家进行面对面讨论，确认关键原因节点，并引导现场作业人员结合自身工作实际，确定需要解决的核心问题，提出合理的解决方案并积极落实。

3. 固化流程机制，培育主动型安全行为标准

组织调研研讨，共建主动型安全行为标准。国网国际公司组织内部安全交流活动和安全检查活动，就安全管理工作流程、安全检查人员评价、日常安全行为和经验教训总结等进行公开讨论、评价，从"我要怎么做"的角度共同探讨解决方案或改进措施，提炼主动型安全行为标准。国网江苏电力通过问卷调查、班组走访、各部门讨论等形式，充分了解基层单位的所求所想，引导基层员工参与梳理、提炼正向安全行为标准，交流安全生产管理、安全文化建设的问题和解决思路，探讨在安全管理中应用、融合正向心理学的路径和方法，建立"自我约束、自我管理"的新模式。

固化行为模式，将主动型安全行为标准融入日常。国网国际公司组织员工梳理、建立正向安全行为，将主动、积极、人性化的安全价值理念具象为易于理解、便于行动的安全行为标准。国网江苏电力制定《安全文化建设总体实施方案》，明确不同时期、不同阶段安全文化建设的目标、重点任务并督促落实，在潜移默化中引导、熏陶基层员工适应新的安全行为要求，助力主动型安全文化建设。同时，开展主动公开承诺活动，建立安全承诺和安全信

用机制，组织各层各级人员公开承诺、接受监督，树立安全契约精神，倡导正向安全行为。

（三）量化安全风险，强化风险闭环管控

安全管理的目标是降低风险，风险管控是安全管理的核心工作。为强化风险防控，国网国际公司和国网江苏电力通力合作，基于安全数据全过程管理，建立以风险量化评估为核心的风险分级、识别、评估、管控和反馈全过程闭环管控体系，并在国网国际公司进行了试点应用。

1. 精准量化风险，建立风险量化评级方法

从风险发生概率和后果严重性两个维度进行量化管理，将后果划分为轻微、一般严重、十分严重、特别严重和灾难性影响五个级别，概率划分为极少、不太可能、可能、较大可能和几乎肯定发生五个级别，形成5×5风险矩阵（见图3），对风险等级进行精确划分。

Likelihood 发生可能性		Comsequence 后果				
		1	2	3	4	5
		Minor 轻微	Serious 一般严重	Severe 十分严重	Major 特别严重	Catastrophic 灾难性
1	Almost Certain 几乎肯定	Moderate 中度	High 重大	Extreme 极端	Extreme 极端	Extreme 极端
2	Likely 较大可能	Moderate 中度	Significant 显著	High 重大	Extreme 极端	Extreme 极端
3	Possible 可能	Moderate 中度	Moderate 中度	Significant 显著	High 重大	Extreme 极端
4	Unlikely 不太可能	Low 轻度	Low 轻度	Moderate 中度	Significant 显著	High 重大
5	Rare 极少发生	Low 轻度	Low 轻度	Moderate 中度	Moderate 中度	Significant 显著

图3　5×5风险矩阵

按照5×5风险矩阵将风险归类为极端风险、重大风险、显著风险、中度风险、轻度风险五种类型，提出中度及以上等级风险治理的ALARP（as low as reasonably practicable）原则，即尽可能降低风险的原则：将风险水平分为不允

许区域、ALARP区域、可接受区域三个区域，"极端"风险属于不允许区域，即除特殊条件，极端风险必须治理；"重大"和"显著"风险属于ALARP区域，即需通过各种风险治理措施将风险等级降低到大家可以接受的程度；"中度"风险是可接受区域，即风险本身或经过治理后缺少可行的、进一步治理办法的情况下可接受，但必须加强日常监管。

2. 主动管理风险，优化风险管控策略

采用"蝴蝶结"分析法分解风险全过程。采用更形象简明的结构化分析方法——BowTie"蝴蝶结"分析法开展风险辨识和分析。对于发生的风险事故，用绘制蝴蝶结图的方式将事故（蝴蝶结的中心）、事故发生的原因（蝴蝶结左侧）、导致事故的途径（蝴蝶结）、事故的后果（蝴蝶结右侧）之间的关系用图形的形式进行直观展示，帮助基层员工更便捷、清晰对风险发生全过程进行全面的定性分析，从发生概率和后果两个方面提出风险管理措施，如图4所示。

图4 "蝴蝶结"分析法

优化风险治理策略，高效管控风险。对照风险辨识"蝴蝶结"分析法从原因、过程、后果等多方面的分析结论，制定安全风险评估表，依据风险等级提出了维持、接受、承担/分担、削弱、消除四种风险控制策略。按照财务、生产运行、安全、员工队伍、监管以及声誉和商誉六个维度和企业、职

能部门、工作团队、作业现场四个层级构建了矩阵式风险管控措施的制定原则。员工可结合预估费用和预期收益，选择对应的风险控制策略并制定全面、详细的风险管控措施，从而高效管控风险。

制定管控策略评价机制，持续测量改进。基于历史数据制定风险管控措施有效性评价标准表，在风险控制策略和风险管控措施实施后，组织员工从差、一般、适当、充分四个等级自行测量、评价风险治理措施的有效性，自行监督风险管控情况，也为风险再管控提供参考依据。

3. 科学预测风险，实现风险动态管理

应用"七步法"科学预测风险。为防止高风险和新风险产生并发展为安全事件，运用"七步法"对所有类型风险事件的风险概率和后果严重性进行滚动评价，以确定下一年度风险管控重点，提前制定应对方案和控制措施，实现风险动态管理。"七步法"风险评价（见图5），有效提升了事故风险动态评估的精准性，保障了风险管控措施的精准高效，为领导层、管理层提供更大的管理透明度，也让普通员工能够更好地理解安全风险管控的科学性和合理性，确保管控措施的有效执行。

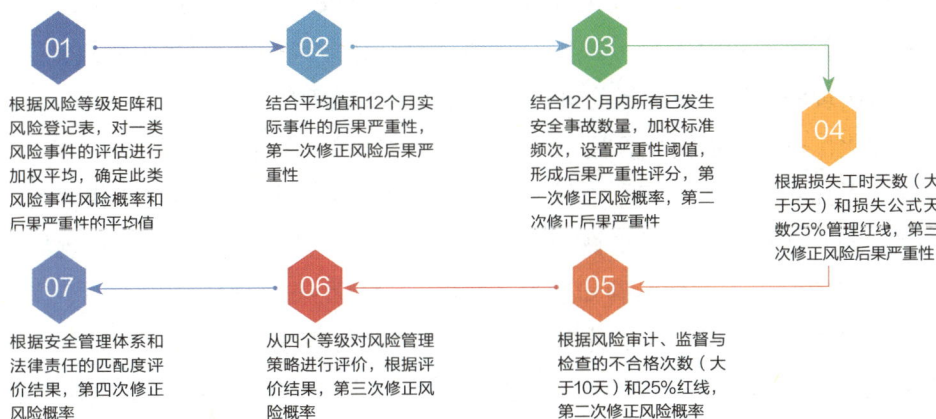

01 根据风险等级矩阵和风险登记表，对一类风险事件的评估进行加权平均，确定此类风险事件风险概率和后果严重性的平均值

02 结合平均值和12个月实际事件的后果严重性，第一次修正风险后果严重性

03 结合12个月内所有已发生安全事故数量，加权标准频次，设置严重性阈值，形成后果严重性评分，第一次修正风险概率，第二次修正后果严重性

04 根据损失工时天数（大于5天）和损失公式天数25%管理红线，第三次修正风险后果严重性

05 根据风险审计、监督与检查的不合格次数（大于10天）和25%红线，第二次修正风险概率

06 从四个等级对风险管理策略进行评价，根据评价结果，第三次修正风险概率

07 根据安全管理体系和法律责任的匹配度评价结果，第四次修正风险概率

图5 "七步法"风险评价

基于风险评估构建风险预警模型。依托各自安全管理系统功能现状，将设备、资金、信息化安全纳入风险滚动评估，并基于风险评估建立分析模型，防范预警风险。其中，投资成本收益分析模型可以量化潜在重大投资事故的概率，建立风险损失成本底线，管控各种投资风险事故；ARIS模型能够

对故障抢修业务事故进行分析，结合分析结果不断优化完善，形成统一的工作方式和工作标准，帮助相关人员快速找准工作内容、明确工作方法，实现标准化作业。

（四）完善现场管理，夯实安全管理基础

安全工作的核心是现场安全，加强作业过程的有效控制，能够有效规避安全事故的发生。国网国际公司和国网江苏电力充分借鉴AA公司的管理实践，聚焦作业风险管控，针对国内外安全管理基础与安全管理监管要求的差异，按照"人身、电网、设备"大安全理念，坚持以现场安全为重心，通过作业安全管控、隐患排查治理、应急管理优化三方面，完善现场管理，严守人身底线，夯实安全管理基础。

1. 多措并举加强现场安全管控

建立常态化风险管控机制。国网江苏电力坚持周例会、日管控等风险管控机制，强化电网、作业风险评估和会商，提前防范事故隐患。国网国际公司借鉴国网江苏电力经验，推动境外控股公司建立了安全例会制度，每日和每周开展安全对话，对作业风险较高的项目进行安全提示，强调安全行为要求和管控措施，每月开展一次安全例会，总结作业风险管理措施的成效与不足，对出现的事故、风险行为进行重点分析，加强管控。

强化作业全过程安全管控。国网江苏电力按照"无计划、不作业"和"全覆盖、无死角"原则，将所有计划性作业纳入计划管控，临时抢修作业纳入流程管理。严格规范执行"两票三制"和标准化作业要求，规范执行现场安全交底，确保作业人员准确知悉设备接线、运行状态、现场风险点。工作中落实全程监护和高风险环节的专职监护，配置足够现场"明白人"，确保安全监护到位。国网国际公司借鉴国网江苏电力"两票三制"的做法，在境外控股公司建立安全措施许可中心，现场作业时发放风险作业卡和作业工作手册规范执行安全，在作业现场安装摄像镜头，对昼夜高危作业实施监督检查全覆盖。建立安全员制度，高风险作业现场配备高级安全顾问指导作业，现场作业班组配备安全联络员，加强安全监督管理。

全面提升安全技能水平。国网江苏电力创新培训方式，将《国家电网有限公司电力安全工作规程》制度要求具象化为卡片、图册、动漫、视频等培训教材，面向主业、产业、外包各类作业人员，开展"安规进现场"专项活动。针对作业类型及风险点，突出高坠、触电、窒息、溺水等人身伤害的防范措施和底线要求，制作简洁直观的人身安全小卡片，结合开工会等开展工前针对性安全学习，促进一线人员守牢人身安全底线红线。国网国际公司指导境外控股公司编制现场作业指导手册和安全手册，对作业顺序、安全注意事项、工作要求等进行了详细规定。以班组为中心，建立分布式培训基地，采取案例讲解、沉浸式培训、安全事故情景再现等创新培训方式，确保从管理层到员工的安全教育培训全覆盖。

2. 关口前移加强隐患排查治理

国网江苏电力紧扣安全管理强化年目标要求，全面完成百日安全攻坚行动，部署开展重大事故隐患专项排查整治。修订完善12类、865项隐患排查标准，将专项检查融入专业管理，不断强化隐患分级分类管控机制。

推进隐患常态排查治理。细化明确隐患辨识、判定、整改、验收标准，定期组织各级单位学习，按照"标准化排查、清单式治理"的原则，扎实开展重大隐患排查治理。对照排查重点，建立隐患台账，切实掌握重大事故隐患底数。制定治理任务清单，确保闭环整改到位、按期销项，推动从根本上消除事故隐患。

督导检查提升查治实效。联合专业部门组建专家督查组，对照重大隐患标准、工作任务清单，分级开展全覆盖督导检查，加强隐患专项排查整治与安全生产巡查、"四不两直"督查等工作。聚焦主要负责人履责、工作机制运转、排查整治成效等方面，制定监督检查详细要求和考核评价体系，对明显有问题却查不出、明知有问题督促整改不到位，甚至引发事故事件的，严格处理。

3. 狠下功夫完善应急响应机制

国网江苏电力牢固树立"宁可十防九空，不可失防万一"的意识，健全预警响应一体化机制，强化落实预警响应职责，切实将"管专业必须管应急"落到实处。

强化内外部应急联动。紧密联系气象、水利等部门，健全灾情信息共享机制，深化新一代应急指挥系统应用，实时监测自然灾害和突发事件，加强台风、暴雨、强对流、洪涝等灾害监测，及时发布预警，落实预警响应措施。深化建立与应急、消防等部门联动机制，持续推进"电力助应急"战略合作不断深入，推动密集通道纳入政府"防灾减灾救灾"体系，开展联合应急演练，不断提升应急救援专业化协同作战能力。

抓好应急能力建设。启动新一轮应急预案修编工作，完成"应急一张图"编制工作，让应急处置全流程简洁明了、易于执行，提高应急预案可操作性。深入开展各类风险评估和应急资源调查，针对性制定预防措施。优化设置响应启动标准，明确分级处置要求，推广应急一张图，切实提高应急预案的操作性和针对性。

提升应急实战能力。组织各级应急指挥中心开展风险监测、指挥部设立、现场连线等日常操练，强化应急队伍、物资、装备和车辆等资源核查，提升专业化应急管理能力。组织实施密集通道抢险、化工厂泄漏应急救援、水厂停电应急处置、商业综合体停电应急救援、网络安全防护等专项演练，有效检验突发事件响应能力，确保应急协同机制高效运转，提升应急实战能力。

（五）健全长效机制，巩固提升工作质效

1. 健全组织体系

在学习 AA 公司安全管理经验的基础上，国网国际公司和国网江苏电力就基于正向心理学的安全管理体系建设多次开展线上、线下深入交流，签署合作协议推动互学互鉴最佳实践，建立健全长效机制。双方由归口管理部门牵头组建联合工作专班，以周例会和月度例会的方式制定工作计划、协调内外部资源、跟踪工作进度、推动工作顺利开展。组织系统梳理安全管理等方面面临的实际问题和挑战，形成需求清单，协调相关专业、相关专家开展联合攻关，贯通沟通交流渠道，建立信息共享机制。充分发挥国网国际公司国际化程度高和国网江苏电力安全管理基础扎实的优势，针对性地组织开展最佳实践案例学习交流、内化吸收和试点落地，探索形成一套可复制、可推广的覆盖国网海外资产与国内电网企业的最佳实践学习引进、落地示范典型模式。

2. 完善制度标准

国网国际公司指导境外控股企业对安全与健康相关的标准和流程进行了修订、完善并统一发布，规范了风险预防分析、紧急情况应对计划、损失事故控制、人身事故处理等人身安全管理全流程应对措施标准。扩大安全管理范畴，按照国网"大安全"理念，纳入设备、电网安全管理，制定了针对性的安全管理标准。国网江苏电力修订发布制度体系文件范本，确保体系建设与业务运转无缝衔接，推进徐州A检基地安全管理体系建设提升，打造体系应用场景化、标准化典型案例。进一步理清安全技能培训和业务技能培训界面，制定了12个方面、13个专业、33类班组的"一岗一标"安全培训标准。探索建立以市场手段引导外包单位强化作业安全的管理机制，围绕安全资质、管理制度落实、安全事件、违章记分等方面，开展外包单位安全能力评价，引导外包单位主动抓好现场、管好安全。

3. 优化奖惩机制

国网江苏电力将正向心理学应用于安全生产奖惩激励，按照精神鼓励与物质奖励相结合、教育与处罚相结合的思路，修订《安全工作奖惩规范》，突出对反违章工作的奖惩激励，加大正向激励力度，引导全员规范行为、遵章作业。对工作量、工作难易程度进行量化，综合考虑量化工作完成情况、年度安全目标完成情况、安全专项工作等情况，设置安全工作量化考评奖励、安全目标奖励、安全突出贡献奖励等，创建"无违章员工"和"无违章班组"奖项，更加精准的发挥正向奖惩导向作用，推动安全奖励向安全生产贡献度较大的基层单位、一线倾斜，激发基层一线人员自主安全能动性，引导广大干部员工规范安全管理。

4. 做好数据管理

AA公司响应政府机构监管要求，引入国际通用指标百万工时可记录工伤事故频率（TRIFR），建立了工伤记录模板，整理归类形成了风险注册表、员工身心健康指数、历史检修信息等数据资产和风险档案，建立并实时修编基础数据库，建立历史数据长期保存机制。利用大数据技术，充分挖掘数据价值，开展不同业务的建模分析，利用风险注册表和风险矩阵开展风险预测，利用身心健康指数关注员工工作状态和生活状态，以支撑决策，保证决策的科学性和合理性。国网江苏电力按照"分工明确、督查协同、管理归口"的原则，重点针对电网风险、作业风险，建立"四个中心"事前方案审查、事中现场督查、事后整改提升的业务协同机制，并据此优化安全管理系统平台功能，整合打通各类安全资产管理数据接口，实现数据同源管理，构建了风险计划、督查管理数字化融合统一界面，完善风险数据分析、检测响应、可视交互等功能。

三、基于正向心理学的安全管理提升实践的成效

（一）安全管理体系不断完善

国网国际公司和国网江苏电力通过深度合作，互学互鉴，主动吸收国际安全管理最佳实践，形成了基于正向心理学的安全管理体系建设典型经验，打造了国网海外资产与国内电网企业相互学习借鉴的先行典范。国网国际公司通过创新安全管理思路、丰富安全管理手段，建立了人性化、人文化的管理理念，把安全管理难点和重点问题进行量化、透明化，让安全管理行为有温度、更日常和精细化，为实现企业长治久安、高质量发展打好最重要的安全基础。践行了国家电网"大安全"理念，将安全管理从人身安全扩大到设备、电网等方面，进一步强化了公司安全管理能力。国网江苏电力稳妥应对了建设检修高峰、极端持续高温、强对流多发等严峻考验，实现了"七个不发生"安全管理目标，确保了公司安全稳定局面。承办国家电网安全管理体系建设工作现场推进会，体系试点成果得到国家电网有限公司充分肯定。紧扣安全管理强化年目标要求，全面完成百日安全攻坚行动。全面开展"无违章员工"和"无违章班组"创建，省公司层面累计奖励隐患排查个人1126人次合计85.3万元，隐患治理集体1327次合计193.8万元。

（二）安全管理水平持续提升

国网江苏电力安全管理水平不断提升，实现重大风险有效管控、重大隐患见底清零。进一步将反违章视角向"事前、事后"延伸，实施工作票线上流转、工作票违章预审、与作业计划联动核查管理，实现了违章问题提前防范，违章总数同比减少23%。围绕安全投入、双预机制等方面，强化安全生产标准化建设，制定132项分专业、分场景典型工作票，提升标准化、规范化安全管理水平。

（三）安全管理品牌效应彰显

国网国际公司整体商誉、国际竞争力与影响力得到显著提升。2017年在新加坡举办的世界安全与卫生大会上，AA公司力压全世界各行业竞争者，获得了年度"全球最佳安全与健康工作场所奖"。AA公司成熟的风险管理框架，动态跟踪和更新20余项重大风险，妥善化解历史遗留风险，成功与新州政府就污染地块签署和解协议，污染地块治理、灾后应急恢复等多项工作获享誉世界的"爱迪生"奖。加强与政府和行业监管机构沟通，AA公司获澳洲贸易部"最佳重大投资"奖。监管机构声誉得分83.7（远超行业平均75.5分），获能源消费者协会"最佳消费者沟通"奖。信用评级持续提升，从BBB提升至A–，处于澳洲能源行业最优水平。2022年维州克雷西500千伏输电塔灾后重建工作获"国际爱迪生电器研究所（EEI）紧急恢复奖"；连续14年未发生人身伤亡事故，获得澳大利亚"最佳工作场所"40强称号。

3

以"四化"为核心的特大城市电网智慧运维管理

创作单位（部门）：国网江苏省电力有限公司南京供电分公司
主创人：唐建清、张　伟
参与创造人：彭　江、王　赫、何　萍、赵彦杰、朱　寰、
　　　　　　刘　剑、齐　飞、陈玉宝、李　勇、金淋芳
荣获表彰：国家电网有限公司2023年度管理创新成果一等奖

[摘要] 国网江苏省电力有限公司南京供电分公司聚焦新形势下保障电网安全运行、电力可靠供应的根本使命，坚持数字引领运维智慧转型的实施主线，开展以"设备感知立体化、业务驱动数字化、运维作业智能化、指挥决策智慧化"为核心的智慧运维转型实践。打造设备感知边端设备库，构建覆盖太空–天空–地面–地下全域空间的设备感知布局，实现设备感知立体化。打造新一代设备资产精益管理平台，贯通数据链路，消除信息壁垒，提升资源共享和融合应用能力，重塑电子工单驱动业务的工作流程，实现业务驱动数字化。深化操作替代和巡视替代，推动运维模式从有人向无人转变；深化移动巡检应用，推动运维效能从低效向高效转变；深化智能装备应用，推动作业方式从人工向机器转变，以"三个转变"驱动运维作业智能化。打造石城系列智慧应用，推动异常预警、电力保供、应急处置等关键领域的智能决策，提升分析决策能力、应急处置能力，实现指挥决策智慧化。成果实施以来，以"四化"为核心的特大城市电网智慧运维管理成效日益显现，城市电网运维效能显著增强，电力供应保障能力持续提升。

国网江苏省电力有限公司南京供电分公司（简称国网南京供电公司）是国家电网有限公司下属大型供电企业，负责向南京市11个区的500万余户电力客户提供安全、经济、清洁、可持续的能源供应服务，已发展为华东电网北电南送和西电东送的重要枢纽，形成500千伏O型双环、220千伏"四片六环"的坚强网架结构，城市大受端电网逐步成型。现有35千伏及以上变电站322座（其中500千伏变电站7座），变电容量5.96万兆伏安；35千伏及以上输电线路长度7943千米；配电线路长度3.8万千米，配电电缆化率达到70%。2022年，南京全社会用电量724.5亿千瓦时，同比增长6%；售电量651.7亿千瓦时，同比增长7.2%。先后获评国家电网有限公司先进集体，国网江苏省电力有限公司（简称国网江苏电力）年度业绩考核、同业对标、重大专项考核"三个第一"。"获得电力"成为全国标杆，获评"全国用户满意标杆企业"，在地市供电公司中首家获评全国市场质量信用标杆（AAA级）。

一、以"四化"为核心的特大城市电网智慧运维管理的背景

（一）保障新形势下电力安全稳定供应的需要

电网是国家重要的基础设施、战略设施，电网安全关系国计民生、国家安全，保障电力供应事关社会稳定、经济发展。近两年来，伴随经济复苏叠加高温天气，全国多个省份最高用电负荷创历史新高累计达50多次，电力保供的复杂、艰巨程度明显加大。党中央、国务院高度重视能源电力供应保障工作，就确保能源供应、电力保供作出一系列重要指示，指出当下电力保供已经不是一般意义的能源问题、经济问题，而是关系国家安全和民生福祉的社会问题、政治问题，强调大企业特别是国有企业要带头保供稳价。作为关系国计民生和能源安全的"国家队"，电网企业需要切实把思想和行动统一到

习近平总书记重要指示批示精神上来，坚决贯彻党中央、国务院部署，始终把确保电力安全可靠供应作为第一责任、首要任务，积极担当作为，统筹发展和安全、保供和转型，坚决守住大电网安全生命线和民生用电底线。

（二）服务特大城市社会经济高质量发展的需要

城市发展需要安全可靠的电力供应，电力作为城市生产的基本投入品和人民生活的必需品，重要性日益凸显。电网作为城市能源电力输送和配置的"筋脉"，其各环节的安全运行关系到城市各类用户的可靠用电，是确保城市经济发展的关键环节。南京作为省会城市和江苏省首个特大型城市，城区人口规模大、党政机关医院高校等重要用户多，同时近年来形成了以生物医药、新能源汽车、软件信息服务和集成电路等产业为核心的高新技术产业经济发展格局，汇集大量高端、精密设备，对电力供应质量和可靠性极为敏感。因此电网企业需牢牢把握人民日益增长的美好生活和用电需求，加快推动电网运维智慧转型，不断提升电力供应和服务质量，以安全高效的电力供应服务城市社会经济高质量发展。

（三）提升特大城市电网运维质量和效率的需要

相较于乡村电网，特大城市电网具有设备体量大、电缆化率高、重要用户多、负荷密度高、运行环境复杂等特点，传统以人工为主的运维方式面临新的挑战。设备规模快速增加和专业运维人员数量稳中有降的结构性矛盾日益突出。截至2021年底，国网南京供电公司人均运维变电站数量、输电线路千米数、配电线路千米数分别为0.42座、120.88千米和277.54千米，均位于国家电网前列，设备运维压力巨大，运维效率亟需提升。电力可靠供应要求高与设备运维难度大的矛盾日益凸显。特大城市重要用户多、重要保电多，对电力可靠供应要求极高，然而高电缆化率、高负荷密度客观造成城市电网设备状态感知、隐患排查治理、停电检修及应急处置难度大，传统依赖人工巡视监测、业务线下管控的运维模式已难以适应当下的发展要求，亟需探索更加高效的电网运维方式。基于上述背景，国网南京供电公司于2021年起启动以"四化"为核心的特大城市电网智慧运维管理实践。

二、以"四化"为核心的特大城市电网智慧运维管理的主要做法

（一）梳理电网智慧运维核心特征，确立实施目标和路径

1. 明确"四化特征"，确立智慧运维总体目标

国网南京供电公司聚焦新形势下电网安全稳定运行的根本使命，立足争当"推动能源高质量发展的示范者、网省公司战略落地的排头兵、'强富美高'新南京建设的先行军"的战略定位，通过深入调研论证，科学规划目标任务，进一步明确总体目标：即牢牢把握能源革命和数字革命深度融合的重要机遇，坚持战略引领，学习借鉴数字管理的科学理念和先进经验，围绕电网运维"设备、平台、作业、管理"4大核心要素，坚持设备智能化升级和建设数字化平台"双发力"，赋能运维作业和管理决策，推动特大城市电网运维管理从传统管理向以"设备感知立体化、业务驱动数字化、运维作业智能化、指挥决策智慧化"为特征的智慧运维管理转型升级，保障电力安全稳定供应，输出南京特色的电网运智慧维经验，提升特大城市电网运维效率效能，以安全高效的电力供应服务城市高质量发展。

2. 聚焦"四步提升"，确立智慧运维实施路径

围绕智慧运维目标，聚焦"四化"特征，确立"设备、平台、作业、管理"四步走实施路径（见图1）。一是按照引领型、提高型、基础型三级标准打造设备感知边端设备库，构建覆盖太空–天空–地面–地下全域空间的设备感知布局，实现设备感知立体化。二是打造新一代设备资产精益管理平台（PMS3.0），贯通数据链路，消除业务信息壁垒，提升资源共享和融合应用能力，基于各专业微应用重塑工单驱动业务的工作流程，实现运维业务驱动数字化。三是深化操作替代和巡视替代，推动运维模式从有人向无人转变；深化移动巡检应用，推动运维效能从低效向高效转变；深化不停电作业机器人、无人机等智能装备应用，推动作业方式从人工向机器转变，实现运维作业智能化。四是打造石城系列智慧应用，推动电力保供、应急处置等关键领域的智能决策，提升分析决策能力、应急处置能力，实现指挥决策智慧化。

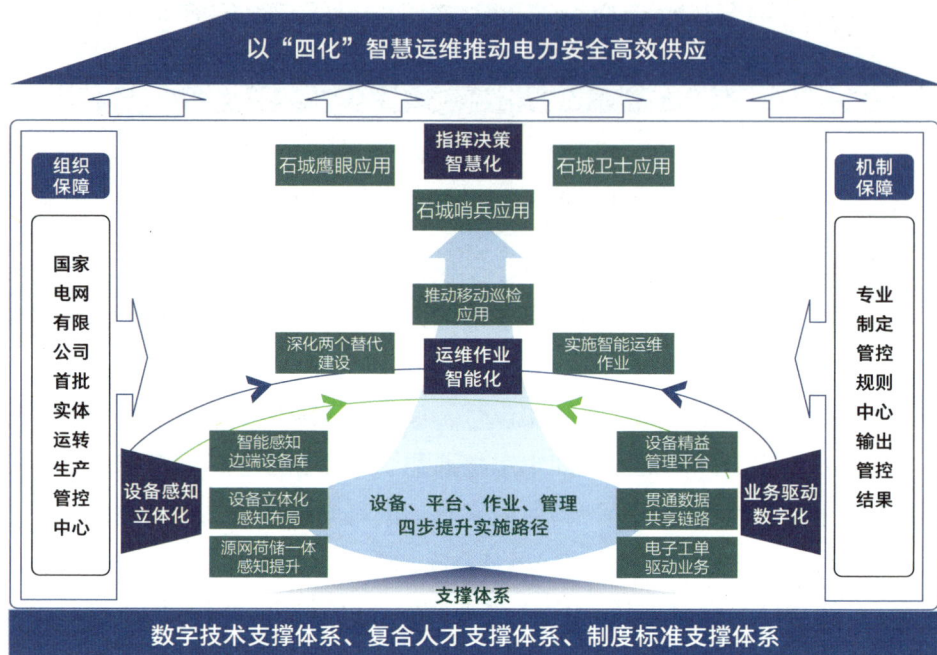

图1 以"四化"为核心的特大城市电网智慧运维体系图

3. 实体运转生产管控中心，变革传统运维组织方式

传统各专业条线化的运维组织方式层级较多，存在专业管理穿透力不强、跨专业数据汇集分析壁垒明显等问题，国网南京供电公司在国网江苏电力统一领导下，建成国家电网首批实体化运转的生产管控中心。突出专业融合，做实一体化管控。坚持设备部和生产管控中心一体化运作原则，打破专业条线管理壁垒，由中心对各专业、各基层进行统一执行管理、数据管理，形成一体管理模式（见图2）。突出流程闭环，做实精细化管控。确定专业定方向、定原则、定策略，中心管执行、管落地、管闭环的管控方式，对现有业务流程进行梳理，形成"专业制定管控规则、中心输出管控结果"的流程闭环。突出数据价值，做实智能化管控。依托生产管控平台深入挖掘生产数据价值，深化主动预警、智慧协同应用，补齐管控短板，打造"平时业务管控中心、战时生产指挥中心"的生产管控体系。

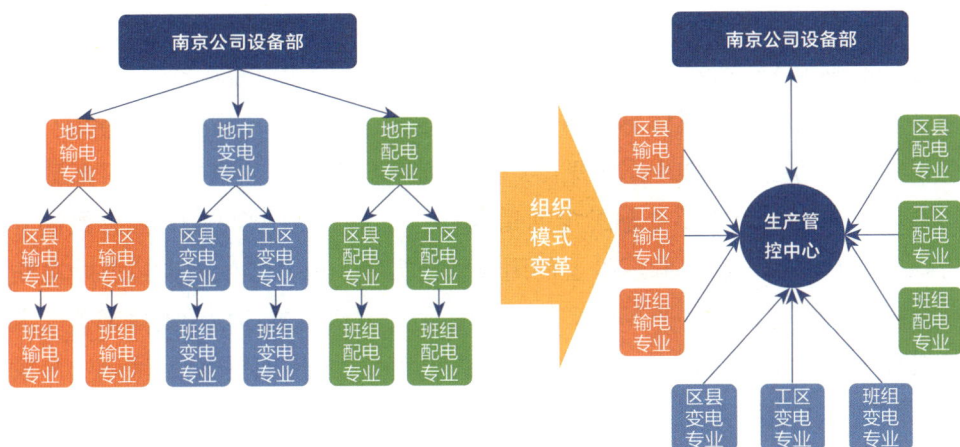

图2　基于生产管控中心的运维组织方式变革

（二）实施设备状态全时空监测，实现设备感知立体化

1. 坚持需求导向，打造智能感知边端设备库

从运维实际业务需求出发，按照引领型、提高型、基础型三级标准，构建感知边端设备库，全面提升设备感知能力。明确"引领型"配置标准，实现重要设备全息感知。在输电特高压及密集通道部署微气象、覆冰舞动等14类在线监测装置，精准、全面获取线路本体及通道运行状态；在一级电缆隧道配置隧道监测机器人，部署局放等3类电气监测和温湿度等4类环境监测装置，依托"多能合一"智能井盖，实现对环境信息的就地监测和无线实时回传；在国家电网系统率先完成500千伏主变压器A2精度油色谱在线监测全覆盖，试点应用组合电器特高频局放等新型感知装置。明确"提高型"配置标准，补强重点领域感知短板。在500千伏和重要220千伏线路区段推广分布式故障诊断装置，实现电缆-架空混合线路故障的快速研判和精准测距，大幅缩短故障测寻和抢修时间；在重要电缆通道差异化部署分布式光纤测温、接地环流系统，实现运行温度、接地环流等信号多渠道采集和智能验证；在220千伏及以上变电站部署避雷器泄漏电流监测，及时发现并消除避雷器等设备本体缺陷。明确"基础型"配置标准，推进设备感知全域覆盖。对其余电力生产场所，标准化配置视频监控、故障指示器、智能门禁等实用化感知和控制装置，有效提升设备状态监测覆盖面和精准度。

2. 统筹全域空间，构建设备立体化感知布局

基于智能感知边端设备库，国网南京供电公司构建覆盖太空–天空–地面–地下全域空间的设备立体感知布局，打造设备全息感知、数据全景应用、资源全路共享的设备感知生态（见图3）。在太空，运用卫星扫描技术开展输电特高压及密集通道等重要输配电通道巡视，建立卫星图像扫描–隐患数据分析–隐患现场核查–隐患跟踪处置的闭环管控流程，提升输配电通道及变电站周边隐患源排查治理水平。在天空，依托2个无人机自主巡检示范区部署无人机机巢16座、无人机162架，实现约800平方千米内15座变电站、600余千米输配电线路无人机跨专业自主巡检替代人工巡视的全覆盖，国家电网系统内率先实现无人机跨专业协同规模化应用。在地面，累计部署15000余套可视化监控装置，实现220千伏及以上输电杆塔可视化逐塔覆盖、110千伏及以上高压电缆通道可视化全覆盖，有效监控输电通道内各类危险源状态。推广"多杆合一"，将小型可视化装置安装于路灯杆、信号灯杆等市政资源上，解决电缆可视化装置"立杆难"问题。在地下，充分运用隧道机器人、智能井盖、电缆本体及环境综合监测等地下智能感知装备，多渠道监测、分析设备运行状态，为设备状态评价、精准检修和应急处置提供坚强支撑。通过立体布局，国网南京供电公司率先建成国内首条智慧高压电缆线路220千伏宁莫线，支撑打造高压电缆精益管理国际一流城市。

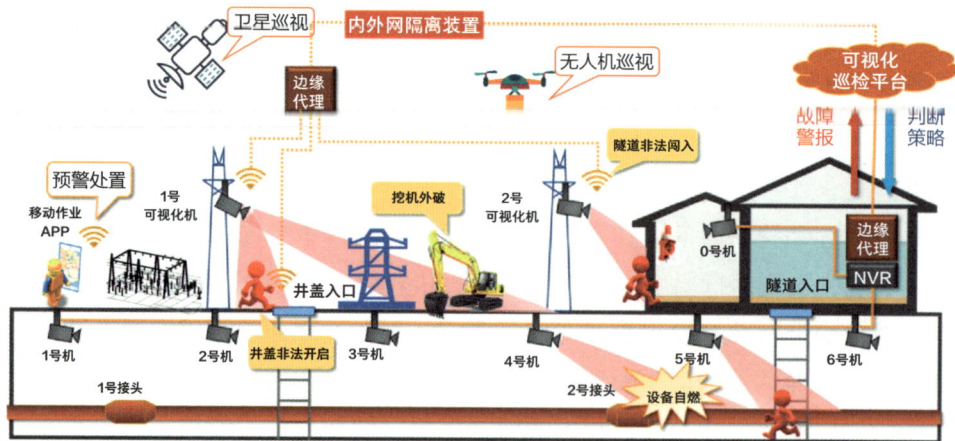

图3 "太空–天空–地面–地下"全域空间立体感知布局示意图

3. 聚焦开放互联，源网荷储一体化感知提升

新型电力系统形势下源网荷储互联互动更加频繁，推动源网荷储各环节一体感知是保障电网安全高效运行的重要基础，国网南京供电公司延伸感知边界，推动源荷储全状态实时感知。提升配电网透明感知能力，坚持"主干线馈线自动化+分支线、分界开关分级保护"技术路线，应用一、二次融合设备，利用配网工程等多种方式提升线路自动化终端布点水平。部署中压配电网、分布式电源及储能监控终端，推动配电侧源网荷储感知水平全面升级。深化智能配变终端应用，依托智能配电物联扩展终端在配电房内接入分布式光伏、充电桩、台区储能设备数据，实现源荷储状态实施感知。提高用户分路负荷监控能力，制定柔性、刚性控制场景下的用户负荷接入电力负荷管理系统技术方案，按照用户重要程度、负荷大小分级分类实现大工业分路负荷监控全覆盖，支撑用户负荷刚性控制与实时调节，提升社会整体能效。

（三）打造新一代设备管理平台，实现业务驱动数字化

1. 明确技术架构，建设设备资产精益管理平台

国网南京供电公司在国网江苏电力的统一领导下试点先行，以电网资源业务中台为核心，采用微服务微应用技术体系，建设新一代设备资产精益管理平台（PMS3.0）（见图4），推动数据与业务融合，夯实数智转型基础。明确平台设计原则，统筹六大专业业务需求，制定业务蓝图，对业务流程、业务角色、业务对象进行提炼，基于事件驱动方式对原始业务流程进行解耦，推动数据与业务的精准耦合。搭建平台技术架构，遵循三区四层总体框架，确立平台业务构架、应用构架和数据构架，横向贯通生产控制大区、管理信息大区、互联网大区，纵向覆盖感知层、网络层、平台层和应用层，实现数据互联互通、人机高效互动、管理智能决策。丰富平台功能应用，按照基础管理、设备管理、作业管理、分析决策、生态共享五大类别设置应用模块，规划165项一级应用和536项二级应用，支撑电网运维智慧转型。针对南京电缆化率高的特点个性化定制地下电缆通道资源管理微应用，实现电缆通道资源在线审批和有序使用；开发高压电缆在线监测微应用，支撑电缆专业集中监控。

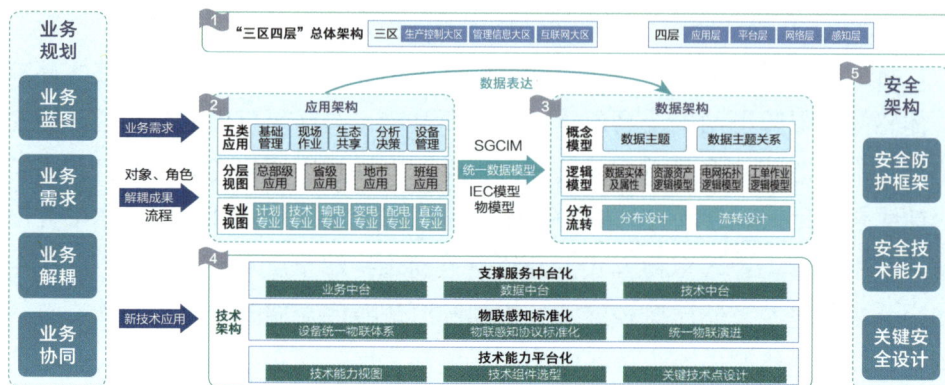

图4　新一代数字化设备管理平台技术架构示意图

2. 贯通数据链路，形成设备管理全业务合力

依托PMS3.0平台，基于三区四层总体框架，建立横向协同和纵向贯通的内部协同体系，推进运维全过程业务贯通、数据共享。在感知层规范数据接入和传输，遵循边缘代理框架统一边端数据物模型，规范传输协议和数据规约，发布《电力电缆隧道在线监测系统技术导则》《电力电缆隧道在线监测系统边缘物联代理技术规范》等多项团体标准，推动感知设备标准化接入和同质化管理。在网络层率先建成国内首个1.8吉赫兹省会级全覆盖电力无线专网，部署基站637座，累计接入各类电力采集控制业务终端超5.2万个，有力支撑各类终端数据传输和交互。在平台层依托物联管理平台、电网资源中台和数据中台，灵活采用分级部署、云消息服务、中台互通等技术，构建上下贯通的数据链路，解决业务流程不通、数据传输不畅等问题。在应用层打造多维多态"电网一张图"，建成资源完整、拓扑贯通、坐标精准的电网一张图，汇集发输变配用全环节电网要素，实现设备台账信息和运行状态信息全景展示，支撑智慧指挥决策。

3. 工单驱动业务，实现数字驱动运维业务

在PMS3.0平台基础上差异化定制专业微应用，重塑通过数字化工单驱动业务的工作流程（见图5）。统筹多维因素，主动生成业务工单。基于平台汇集的历史记录、风险等级、告警信息，结合检修策略、故障信息等数据，由平台自动生成周期巡视、特巡保电、无人机精益化巡检等各类工单，大幅缩

短传统形式下工单制定时间。推动网格管理,差异化派发工单。对自动生成的工单,由平台结合运维网格设置,差异化推送至对应班组,对超时或拒接工单通过移动终端进行及时提醒,确保工单流转效率。实施数字管控,督促工单闭环处置。建立基于电子工单的设备反措、缺陷、隐患验收销号闭环流程,平台自动跟踪工单办理及实施进度,并对超时环节进行预警和提醒,助力班组及时了解并协调解决物资提报、现场施工、竣工结算等全业务流程中存在的问题,实现工单闭环管控、高效办理。

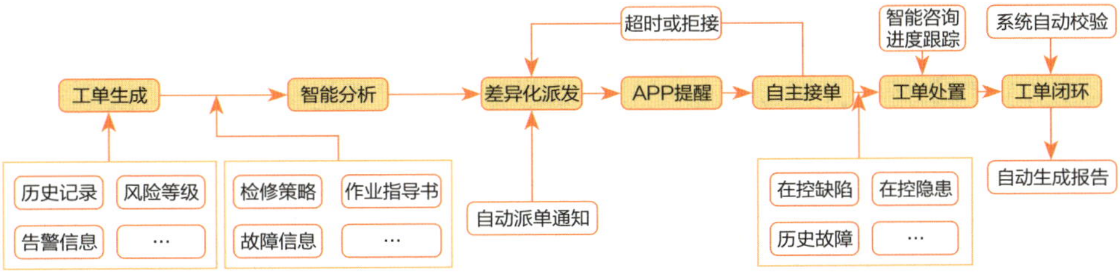

图5 工单驱动的运维业务流程

(四)深化实施"三个转变",实现运维作业智能化

1. 深化两个替代建设,推动运维模式从有人向无人转变

针对电网传统运维作业方式高度依赖人工的现状,深化实施操作替代、巡视替代,以数字化、智能化手段取代人工,提升运维作业质效。打造一键顺控应用,实现倒闸操作人工替代。建成国内第一座在集控站投运的新建变电站和国家电网首座通过一键顺控投运的县域公司变电站。在变电站站端后台系统部署一键顺控不停电验收功能,重构一键顺控虚拟操作界面,利用不停电验收技术开展顺控操作票、防误逻辑以及隔离开关位置"双确认"验证,实现新投运变电站100%具备一键顺控操作功能。研制一键顺控自动验收装置,通过在仿真环境虚拟发送三遥信号验证顺控票逻辑及防误规则,解决顺控验收耗时长、标准统一难等问题,单间隔节省一键顺控验收时长100分钟。创新二次设备自动验收方法,实现D5000二次软压板"遥信""遥控"和保信子站的同步不停电验收。累计建成22座微动开关双确认的一键顺控变电站,执行一键顺控操作票600余张,成功率100%。依托智能巡视技术,实现巡视人工替代。部署带全景720°云台、高倍变焦和红外测温功能的可视化装置

2000余套，实现电缆终端塔、引线线夹巡视检测的人工替代。研发可适应变电站楼梯、碎石地等复杂地形的仿生智能巡检机器狗，完成全部66座220千伏及以上变电站高清视频、巡检机器人覆盖，实现例行巡视和特殊巡视的人工替代。

2. 深化移动运检应用，推动运维效能从低效向高效转变

作为国家电网有限公司设备统一身份编码（实物"ID"）试点建设单位，国网南京供电公司全面推广实物"ID"和移动终端应用，实现工程验收、台账创建、两票业务等移动化办理，推进移动作业代替传统纸质作业方式，有效提高作业效率。推进缺陷隐患在线管理。为运检人员配置移动终端，在日常工作过程中便捷开展缺陷记录和消缺登记，实现数据自动回传和缺陷在线审核，支撑管理人员对作业过程的全面管控，打通现场信息交互"最后一公里"。推进验收管理在线跟踪。建立人、设备、装备协同机制，验收人员在施工现场通过移动终端实时录入缺陷问题照片及验收意见，实现巡视、试验、检测等数据一键录入，推动建设单位照单整改，提升工程缺陷闭环消缺率，提升业务全链路数字化程度。

3. 深化智能装备应用，推动作业方式从人工向机器转变

在作业方式上，深化智能装备配置与应用，推动带电作业、高处作业等高风险作业由人工作业向机器作业转变。推广新型带电作业机器人，提升现场作业效率和安全水平。研发集成智能感知、图像识别等先进技术的新型带电作业机器人，远程操控机械臂不停电开展接地环、驱鸟器安装以及断接引线等复杂作业。通过人机交互技术实现机器人与作业人员的高效协同，有效避免带电作业人身触电风险的同时，提升带电作业质效。国网南京供电公司2022年通过不停电作业机器人开展不停电作业超2000次，占不停电作业总量比重超15%，年均复合增长率超过250%。拓展无人机在检修作业中的应用场景，全域推广无人机挂载喷火装置开展输配电线路及变电站异物消缺，深化无人机在山地抢修物资配送、现场照明等作业过程中的应用，研发应用无人机防坠落装置，解决第一名登高人员无保护措施问题，提升作业现场安全管控水平。

（五）提升全域监控与分析能力，实现指挥决策智慧化

1. 打造"石城鹰眼"，实现设备异常主动预警和精准决策

为实现设备异常主动预警和精准决策，国网南京供电公司打造"石城鹰眼"应用，基于海量电网和设备运行数据开展趋势分析，及时感知设备异常并精准推送运维策略。建设具备监控、指挥、决策、现场处置等功能的"石城鹰眼"智能监控中心，成立7×24小时全天候监控柔性团队，推动电网传统状态管控模式向远程集中监控模式转变。汇集全域数据，实现电网事件秒级感知，依托"石城鹰眼"实时采集近500万台终端、表计的量测信息，结合OMS操作票、DMS监控信息、PMS源端台账等数据，整合主配用各类智能终端实时告警事件，利用动态拓扑推演等技术，实现海量电网事件秒级感知。建设设备异常处置知识库，实现运维策略智慧生成、精准推送。综合考虑设备参数、运行状态、负荷变化等因素，差异化生成检修策略，合理优化检修内容和周期，指导基层班组科学开展设备检修，提升设备运维效率。

2. 打造"石城卫士"，实现电力保供动态推演与精准指导

为应对特大城市重要用户多、重大保电多的形势，国网南京供电公司打造"石城卫士"电力保供应用，提升电网供电服务保障能力。动态推演，精准制定电力保供方案。通过"石城卫士"实时采集南京地区主、配、用各侧测量数据，结合历史工单信息，构建重要及敏感用户结构化数据池，动态分析电网电力供应情况、保电用户潜在用电风险，采用动态推演、沙盘模拟等方式模拟保供风险，生成结构化保供预案，自动发起保电任务。依托"石城卫士"智能筛选重点保供区域和薄弱环节，对涉铁线路、城市"生命线"等重要供电线路进行高标准跟踪运维，保障电力可靠供应。源荷互动，精准指导负荷侧资源参与电力保供。将空调、储能、数据中心、5G基站等多种类型优质可调节负荷资源接入"石城卫士"应用，在夏冬用电高峰，通过负荷预测和电力平衡分析，以电力缺口为依据指导负荷侧资源参与电网调节，推动传统源随荷动调节方式向源荷互动转变，有效应对短周期、小缺口电力保供场景。国网南京供电公司配合政府部门统筹2700余家企业用户资源连续18天精准开展需求响应，单次最大响应超104万千瓦，实现错峰能力最大化、电量影响最小化。

3. 打造"石城哨兵"，实现电网故障精准研判与高效处置

为提升电网故障处置效率，国网南京供电公司基于智能电能表及移动光猫等用户侧终端实时数据，打造"石城哨兵"应用，推动设备故障精准研判、高效处置。开展故障位置及类型研判，精准派发抢修工单。通过"石城哨兵"实时监控上级线路故障跳闸情况，快速分理、整合和推送精准低压故障研判信息，自动生成主动抢修工单及95598停电信息，保障故障高效有序恢复及用户同步感知。打通用户失电监测最后"一百米"，准实时预警可靠性事件。在线监视线路健康状况，感知故障后主动派发抢修工单，同时支持居民侧智能开关远程投切，全面提升故障处置效率，支撑现场快速复电。基于实时拓扑分析及台区中低压补充量测技术，建立实时采集和补充量测两类复电巡检模型，基于用户侧实时数据有效支撑中压故障快速复电策略，对大户数、大时数、大时户数等故障处置过程中可靠性指标异动情况进行实时预警督办，实现可靠性事件"准实时"研判预警，有效指导抢修人员缩短故障处置时长、压降意见工单数量，2023年4—5月首次实现持续30天低压故障频繁停电意见工单"全零"战绩。

（六）构建多维支撑体系，推动智慧运维持续迭代升级

1. 构建数字技术支撑体系，持续提升智慧运维水平

数字技术具有更新迭代快的显著特点，需要持续加强数字技术的研发与攻关，推动智慧运维技术持续迭代升级。建立智慧运维新技术研发创新机制，建立以企业需求为导向、"产学研用"深度融合的技术创新体系，联合高校、研究所等单位开展跨单位、跨领域、跨学科项目合作和技术攻关，深入开展电缆接地回路电阻检测技术、电缆缺陷检测技术、线路智能运检关键技术、线路状态反演与智能立体巡检技术、区域电网自律-协同多阶段无功优化运行等技术的研发应用，以技术创新持续提升智慧运维水平。

2. 构建复合型人才支撑体系，建设全业务核心班组

深化专家型、工匠型、复合型"三型"人才培养，充分运用公司智慧运维建设成果，率先打造全业务核心班组，坚持核心业务主业人员自主实施，围绕业务内容、能力要求、技术含量等维度全面开展业务能力分析，明确核心业务分类和能力要求。按照"由易到难、由简入繁、先急后缓"原则，分

级分类逐步提升自主实施比例，实现基于数字化移动作业的生产准备验收、交接试验、故障巡视及抢修、在线监测信息诊断分析等核心业务100%自主实施。依托PMS3.0平台，在班组层面全面开展移动巡检和智能巡检等业务，推动智能感知装置维保、差异化辅助智能决策等新兴数字业务由"带着干"向"自主干"转变。

3．构建制度标准支撑体系，保障智慧运维规范实施

国网南京供电公司构建智慧运维制度标准体系，推动智慧运维规范化、标准化实施。制度方面，建立基层班组数字业务执行规范，在基层班组业务数字化实践的基础上形成各专业数字业务执行指导手册，图文并茂指导基层人员执行和操作，形成规范化执行标准。标准方面，参与编制《基于模块化多电平换流器的统一潮流控制器技术：第四部分 保护与控制应用》IEEE标准，规范统一潮流控制器运行方式；牵头编制《变电站一键顺控运维检修管理规范》，支撑一键顺控规模化应用，确保设备运行和人员操作安全；编制《国网南京供电公司远方操作实施细则》，指导监控人员或运维人员通过变电站远方操作系统进行遥控或顺控操作，以制度标准推进智慧运维规范实施。

三、以"四化"为核心的特大城市电网智慧运维管理的效果

（一）实现电力供应安全稳定，管理效益显著

通过电网智慧运维体系建设，系统提升状态感知能力、互联互动能力、风险预控能力、过程管控能力、现场作业能力、安全管控能力、应急处置能力和决策分析能力，电网运维管理效益显著提升。截至2022年底，国网南京供电公司输、变电设备故障停运数量同比下降68%和33%，设备缺陷隐患提前预警和处置率同比提升62%，实现了火灾事故零发生、通道断面零丧失和大面积停电零出现的"三零"目标，中低压故障平均修复时长同比下降47%，频繁停电意见工单同比下降40%。全市供电可靠率超过99.99%，位于全国第一阵列，持续保持省内第一，为南京生物医药、集成电路等高新技术产业高质量发展提供安全高效电力保障。带动技能人才队伍不断成长，国网南京供

电公司1人获评全国技术能手国家级荣誉称号，获得省部级荣誉称号10项，3人被评为国家电网首席专家，5人被评为省公司高级专家，数量分别位居国家电网系统及省公司地市级供电公司首位。

（二）助力电网企业提质增效，经济效益显著

构建新一代设备资产精益管理平台，全面集成业务流程和专业数据等各类资源要素，打造电子工单驱动的运检业务流程，显著压降运维作业成本。截至2022年底，国网南京供电公司在设备体量增长18.64%、专业人员数量减少9%的情况下，人均设备运维效率提高30%，年均节约人工成本8100余万元。依托数智作业、智能决策，做到设备异常主动预警、运维策略精准推送，重复检修情况减少93%，年均节省检修成本1400余万元。建成"20分钟应急响应圈"，故障抢修及隐患处置平均时长同比下降80%，累计为企业减少停电损失2.5亿元。

（三）获得社会各界充分认可，社会效益显著

通过推进电网运维智慧转型，保障了城市工商业和居民的可靠用电，充分彰显了央企的责任担当。通过智慧运维管理建设，提升电网源荷承载能

力，2022年以来，南京地区新增并网光伏装机容量15.52万千瓦，累计装机容量86.52万千瓦，全域新能源装机占比非统调发电装机达49.70%，实现清洁能源就地消纳21.16亿千瓦时，减少二氧化碳42万吨。授权智慧运维相关发明专利160余项，发表论文200余篇，为智慧运维经验全国推广奠定基础。石城供电抢修服务队荣获国家电网有限公司系统首个全国"诚信之星"，安全可靠的电力供应极大提升了用户用电"幸福感"，南京"获得电力"指标连续两年成为全国标杆，国网南京供电公司为地市供电公司中首家获评全国市场质量信用标杆（AAA级）的企业，并代表中国企业参评并荣获"亚洲质量卓越奖"，连续11年荣获南京市行业单位作风评议第一。

4

适应现代智慧配电网高速发展的供电可靠性管理

创作单位（部门）：国网江苏省电力有限公司

主创人：陈 辉、刘利国

参与创造人：朱卫平、辛 辰、戴 健、方 鑫、袁 未、
孙 帅、赵浩君、缪 凯、黄 伟、姜云龙

荣获表彰：国家电网有限公司2023年度管理创新成果三等奖

[摘要] 为贯彻落实党中央决策部署，积极践行构建新型电力系统、做好能源电力保供的战略目标，落实国家电网有限公司对于智慧配电网建设和供电可靠性提升的工作要求，国网江苏省电力有限公司立足本省能源资源禀赋和经济社会发展需求，以"电力供应安全可靠、新型源荷高效承载"为目标，以状态全景感知和全网智能分析为手段，围绕"升级专业管控体系、优化规划建设策略、深化运检数智转型、推动源网荷储协同"四项关键业务，推动管理体系变革，构建高效运转的供电可靠性管理机制，精准实施网架结构升级改造，提升可靠供电和新型源荷承载能力，加快设备数字化和运检装备智能化升级，支撑电网投资和运维决策，引导分布式光伏、储能、工商业等灵活性资源主动参与电网调节，缓解用电负荷高峰时段电力电量平衡压力，保障电网可靠供应，为新型源荷大规模发展提供可靠性管理典型范式。

国网江苏省电力有限公司（简称国网江苏电力）是国家电网有限公司规模最大的省级电网公司，现有13个市、58个县（市）供电分公司和15个科研、检修、施工等单位。截至2023年9月底，全省共有10（20）千伏配电线路4.36万条，总长度40.77万千米，配电变压器66.58万台，容量30349.56万千伏安，低压线路67.31万千米。在供电可靠性方面，国网江苏电力构建高效可靠性管理体系、精准实施网架装备升级改造、深化设备精益运维管控，2022年江苏全省供电可靠率99.9761%，位居全国省级电网前列。在现代智慧配电网建设方面，国网江苏电力积极开展理论研究和示范建设，在苏州同里建成世界规模最大的交直流混合配电网工程，高效消纳风、光、热等多类型分布式能源；在无锡新吴建成全国规模最大的V2G充放电集群式厂站与车网互动示范中心，统筹"光储充放换"可调资源，验证V2G充电桩互动能力，实现区域尖峰负荷优化，提升设备利用效率；在镇江扬中建设整县屋顶光伏先导示范区，引导分布式电源参与电网调峰、调频等辅助服务市场，探索台区、网格、区域自治的分布式电源调度管理模式，促进清洁能源健康发展。

一、适应现代智慧配电网高速发展的供电可靠性管理背景

（一）践行新时代国家能源发展战略的根本要求

近年来，在"四个革命、一个合作"能源安全新战略指引下，我国坚定不移推进能源革命，加快新型能源体系规划建设。中央全面深化改革委员会第二次会议强调，"要深化电力体制改革，加快构建清洁低碳、安全充裕、经济高效、供需协同、灵活智能的新型电力系统，更好推动能源生产和消费革命"，为构建新型电力系统提供了根本遵循。习近平总书记在江苏考察时指出，能源保障和安全事关国计民生，是须臾不可忽视的"国之大者"，能源和

电力部门尤其是央企要全力做好能源电力保供。配电网作为联结主网、用户及各类分布式能源的纽带，承载了电力安全保供、分布式电源消纳、服务终端能源消费等功能，已然成为新型电力系统建设和民生供电保障的主战场。新型源荷快速发展，为能源绿色低碳转型和配网高质量发展带来了新的机遇和挑战，深入开展现代智慧配电网研究建设，构建与之相适应的供电可靠性管理模式，是落实国家能源发展战略的根本要求。

（二）落实国网公司高质量发展战略的重要举措

为贯彻党中央决策部署，2021年国家电网有限公司先后发布《碳达峰碳中和行动方案》和《构建以新能源为主体的新型电力系统行动方案（2021—2030年）》，明确了国家电网有限公司服务碳达峰碳中和、构建新型电力系统战略目标实现方向。国家电网有限公司四届三次职代会强调"推动构建新型电力系统""加快建设现代智慧配电网，更好适应分布式能源、微电网、电动汽车等发展需要"，并提出"供电保障能力得到新加强""统筹布局电力源网荷储，电网优化配置资源能力和可靠供电水平国际领先，能源安全和能源独立得到有效保障"的目标任务。近年来，国家电网有限公司持续推进"1135"新时代配网管理思路落地，始终坚持以供电可靠性为主线，狠抓标准化建设、精益化运维和数字化管控，进一步提升网架、设备、管理、技术和服务水平。建设好现代智慧配电网、推动供电可靠性管理升级是全面支撑国家电网有限公司建设具有中国特色国际领先的能源互联网企业战略目标的重要举措。

（三）满足地方经济社会高水平发展的迫切需求

江苏地区经济发展迅速，新能源渗透、消费端电能替代加速推进，可靠供电压力越来越大，推动能源绿色转型和供电可靠性提升，是地方经济社会高水平发展对配网管理提出的迫切需求。近年来，经过建设改造和运维管理，配网供电可靠性和客户服务能力持续提升，但也存在一些问题。一是局部网架仍有短板，难以满足新型源荷可靠接入。截至2023年9月底，全省分布式光伏2270.1万千瓦，并保持高位快速增长，月均增量约100万千瓦。分布式光伏79.7%在400伏电网接入，全省共有分布式光伏接入线路22179条，接入台区16.4万个。在部分电网基础薄弱且光伏高渗透地区，易出现配网重载、倒送主网等问题，新型源荷可靠接入面临压力。二是数字转型仍有不足，难以适应可靠性精益管理。随着分布式源荷储快速发展，配电网感知对象从电网层向源荷端延伸，数据量呈指数级增长，现有的量测技术、通信网络和算法算力，难以适应全网数据应用要求，对全网精准分析决策支撑不足，难以满足供电可靠性管理向源端和低压侧延伸等精益化管理要求。三是协同互动能力不足，难以发挥资源优化调节作用。远景预测来看，江苏分布式新能源开发潜力超过1亿千瓦，电动汽车保有量将超过800万辆。随着新型源荷高比例渗透，分布式光伏、充电负荷呈现时空不匹配、高随机性和高波动性等特征，电网平衡调节、快速响应控制难度增大。仅靠源侧调节，将导致稳定性、经济性和可靠性等方面问题，需要加快用户侧灵活性资源开发聚合，构建多时空尺度调节能力，快速响应电网调节需求，保障电网安全稳定运行。

二、适应现代智慧配电网高速发展的供电可靠性管理的主要做法

（一）开展顶层研究设计，系统谋划工作安排

国网江苏电力以落实国家能源发展战略、服务"强富美高"新江苏现代化建设为引领，聚焦服务能力提升，制定"电力供应安全可靠、新型源荷高效承载"目标，以状态全景感知和全网智能分析为手段，围绕"升级专业管控体系、优化规划建设策略、深化运检数智转型、推动源网荷储协同"四项关键业务，实现管理运转高效、网架结构坚强、设备状态可靠、电网安全运行，打造高可靠性配网管理标杆，如图1所示。

1. 明确工作思路

聚焦电力安全保供和能源绿色转型，统筹好供电可靠性管理与技术、局部与整体、当前与长远的关系，牢牢抓住配网发展的机遇与挑战，加快现代智慧配电网建设，构建适应现代智慧配电网发展的供电可靠性管理体系，深化高质量建设、精益化运维和数字化管控，充分发挥可调节资源在电力安全保供的价值和作用，实现配网运营高效、电力供应可靠、源荷高效承载、客

图1　适应现代智慧配电网高速发展的供电可靠性管理实施路径

户服务优质，为江苏经济社会发展提供电力保障与能源服务。

2. 制定工作目标

围绕构建"清洁低碳、安全充裕、经济高效、供需协同、灵活智能"新型电力系统总目标，聚焦配电网可靠供电和新型源荷承载能力提升，推动网架结构、设备状态、技术水平、管理模式和服务能力全方位升级，实现配网网架标准化率100%，新能源消纳率100%，线路、台区、分布式能源及微电网全面实现可观可测，用户侧灵活性资源广泛参与电网调节，可靠性管理向源端延伸并实现100%全自动在线分析和智能决策，供电可靠性管理与组织体系运转高效，构建适应现代智慧配电网发展的供电可靠性管理典型范式。

3. 规划实施路径

立足江苏经济社会发展对可靠性需求和新型源荷发展资源禀赋，提出适应现代智慧配电网高速发展的供电可靠性管理的四个方面实施路径。在管理提升方面：变革管理体系与组织架构，打造可靠性管理自动分析与智慧决策系统，开展关键技术攻关与推广应用，实现管理体系科学、高效运转。在电网加强方面：优化规划建设策略，分析新型源荷接入影响，综合考虑供电可靠性差异化需求，精准实施网架结构升级和设备改造升级项目，提升可靠供电和新型源荷承载能力。在数智赋能方面：加快数字化配网改造，推动设备数字化和装备智能化升级，深挖数据应用价值，支撑电网投资和运维决策，赋能基层管理减负与专业管理提升。在源荷互动方面：建立电网协同控制体系，充分发掘分布式光伏、储能、工商业等灵活性资源，促请政府出台市场和价格配套机制，引导各类资源主动参与电网调节，缓解用电负荷高峰时段电力电量平衡压力，提升系统稳定性，保障电网可靠供应。

（二）升级专业管控体系，实现管理运转高效

国网江苏电力积极应对能源绿色转型，主动转变管理理念，加快组织机构变革，完善制度标准和业务流程，升级供电可靠性分析评价手段，加快核心技术研发攻关，打造高效的供电可靠性管理体系。

1. 优化管理模式，加快可靠性专业管理变革

一是转变管理理念。构建全员可靠性管理体系，将供电可靠性融入规划、建设、运行全流程，推动可靠性管理横向协同、纵向贯通。打造全方位支撑体系，组建以电力科学研究院、经济技术研究院、省市县各级专家的支撑团队，对配网管理全流程、全环节常态开展专业诊断，迭代管理提升举措。推动配网专业管理理念由"设备为中心"向"客户为中心"转变，将供电可靠性管理由中压负荷统计向新型源荷等全要素评价和低压可靠性等方面延伸，在全力压降停电时户数的同时，更注重新型源荷接入能力，更重视用户停电时段、时长、频次等用户体验。二是优化组织架构。省公司成立配网管理部，以提升供电可靠性为抓手，强化标准化建设、精益化运维、数字化管控等能力建设，全面支撑配网高质量发展。地市公司增设配网管理部，充实专业管理力量，细化专业管理要求。供指中心增设配网运营管控班，以供电可靠性提升为主线，集约化管控配网运检、工程建设、不停电作业等重点业务，并延伸至区县公司。组建区域供电服务中心，打造中压营配业务协同、低压营配业务融合的现代服务体系，统筹开展设备运检、客户服务等工作，提升供电可靠性和优质服务水平。三是加强考核激励。围绕供电可靠性提升主线，聚焦异常停电、重复故障和频繁停电等主要矛盾，从网架结构、运检质效、自动化应用、不停电作业等方面细化业务管控要求，构建多维评价体系，推动供电可靠性专业管理提升。将供电可靠性管理纳入公司重大专项激励，每季度对在供电可靠性管理提升等方面做出突出成效的五家地市给予工资总额奖励，对较差单位主要领导进行督促提醒。推动省政府优化"获

得电力"评价办法,突出供电可靠性对获得电力的贡献,促请地方政府出台供电可靠性奖惩办法,政企协同推进可靠性管理提升。

2. 深化统计分析,充分挖掘可靠性数据价值

一是停电事件智能获取。优化停电数据采集机制,链接贯通电网资源业务中台、配电自动化、用电信息采集等业务系统,整合供电可靠性相关基础台账、计划日志、采集量测等数据,实时、精准获取公用变压器和专用变压器的停电记录。综合运用大数据技术、原子服务算法、任务池异步计算等方式,结合数据聚合、交互验证等技术手段,自动生成停电事件、智能判别停电类型。二是杜绝人为干预数据。试点引入区块链技术,对原始采集数据、相关业务数据进行上链存证,记录可靠性事件关键信息,保证源端数据不被篡改。规范因采集数据不精准、通信链路不畅通导致的停电误判、漏判等申诉规则,对申诉停电事件打包存证、统一上链,动态稽查哈希值、时间戳等数据变化,实现数据修正可追溯,确保停电事件准确、完整。三是深化多维数据应用。以专业、班所、网格、线路、台区为对象深化可靠性量化管理,细化停电户数、时长、次数等维度分析,推动指标管理由宏观统计向微观评价延伸。将供电可靠性预算管控前置于规划和方案阶段,推动停电管理模式由事后分析向事前预控延伸。从网架、设备、管理等方面精确溯源异常停电事件原因,辅助制定规划设计、施工安排、运维抢修等策略优化,推动可靠性管理由管指标向管业务转变。

3. 强化技术支撑,助力可靠性管理创新突破

一是修订标准规范。制定供电可靠性管理提升指导意见,推动管理要求落实到全专业、融入全过程。编制不停电作业友好型典设,从杆线布局、设备选型、排列方式等方面提升不停电适应性,以源端技术升级提升作业场景适应性。研究制定配网临时发电作业规范,构建中低压、全场景作业管理要求,推动停电场景能发尽发。二是构建创新平台。依托电力科学研究院成立配网管控中心,加强大户数、长时间、频繁停电等可靠性异常事件的监测分析与闭环整改,及时预警并防范异常停电。在国网无锡、连云港供电公司建立多元化不停电作业产学研基地,统筹行业专家力量,加强不停电作业新项目拓展、新装备研发和新技术应用。建立配电自动化物资检测、调试验收、运行监控一体化平台,提升配网自动化实用化水平,最大限度保障可靠性提

升成效。三是攻关核心技术。研发中压发电车并机并网系统，首次实现国内不同型号、不同品牌中压发电车自动并机，实现换杆换线、环网柜更换等大规模复杂场景不停电检修。自主研发20千伏移动箱式变压器车，首次实现国内20千伏移动箱式变压器车旁路不停电作业，满足20千伏不停电检修需求。研发低压发电车自动同期并网控制器、低压负荷不停电转供装置，实现低压检修用户停电零感知。

（三）优化规划建设策略，实现网架结构坚强

国网江苏电力开展源荷承载力和可靠性量化评估，精准实施配网建设改造，强化工程项目全过程精益管控，实现建设过程对可靠性影响最小、实施成效对可靠性提升最大。

1. 开展承载能力评估，支撑源荷可靠接入

一是修编配网规划技术标准。以保障配电网安全充裕、运行可靠为目标，将分布式能源、充换电设施、储能装置及微电网纳入规划关键要素，从负荷预测、电力电量平衡、供电安全准则、电网结构、设备选型等方面论证，修订适应现代智慧配电网的配网规划技术导则。二是研究新型源荷接入影响。建立全网时序仿真分析平台，贯通各电压等级电网及虚拟电厂、微电网可调节资源，通过分电压等级、分区域、分网格、分线、分段多的时间尺度时序仿真，评价新型源荷接入对配电网可靠性和安全运行的影响，为源荷接入管理提供决策依据。三是指导源荷接入方案编制。开发配电网承载力综合分析与优化模块，关联配网负载、新能源接入统计及未来源荷发展预测，开展配电网动态全景扫描，精准定位应对源荷接入承载力不足环节。应用运方调整、网架优化、配电变压器增容布点、柔性互联、主配微协同等多种手段，综合选择最优方案，确保源荷全量接入与消纳。

2. 量化分析网格问题，精准开展项目储备

一是量化评估短板弱项。研发供电网格评估系统，从网架结构、供电能力、设备状态、自动化应用、配网运行五个维度对网格量化评分，挖掘大时户停电、重复故障等异常事件，查找联络分段不合理、供电半径过长、负荷分布不合理、设备故障频发、自动化布点不足、运检巡视不到位等方面短板弱项，为建设改造和精益运维提供决策。二是突出建设改造重点。紧扣供电

可靠性和源荷接入能力提升目标，重点梳理分布式光伏消纳承载、充电负荷接入、供电能力等方面问题，按轻重缓急制定改造计划。网架方面，重点储备标准网架建设、联络分段优化、负荷分布调整、新能源消纳承载能力提升等方面项目。设备方面，重点储备老旧设备更换、缺陷隐患整治、防风防雷补强、自动化布点优化、小区供电能力升级等方面项目。三是严格把关储备质量。严格把关项目需求，对照问题清单，审核储备项目必要性和问题解决充分性，对涉及供电可靠性相关的紧急项目随到随审，确保项目储备理由充分、问题解决高效。严格把关项目方案，统筹好当前与长远、经济性和可靠性等关系，重点强化规划衔接、廊道选址、设备选型等要素审查，坚持逢停必审，省公司对停电超150时户项目全量审核，市县公司对停电项目全量评审，源端压降项目实施对停电影响。

3. 严格管控工程质量，保障项目实施成效

一是严格管控计划停电。不停电作业中心全量参与检修方案勘察，应用旁路作业、分段实施、临时发电、低压转供等方式，实现检修施工能转尽转、能带不停、应发尽发。加强工程实施管控，制定标准作业工时，规范施工组织、停送电操作、现场安措、现场作业等关键环节管理，确保计划严格执行。全面应用工程"四化"技术，推进施工机械化、电气装配化、土建预制化、调试工厂化，将传统停电工作转移至停电前开展，缩短现场停电时间。二是强化工程质量管控。协同物资专业对新入网设备、关键设备开展100%全检测，把牢设备入网质量关。督促施工、监理加强工程质量管控履责，对电缆终端、土建基础、二次接线等关键工艺实行过程影像100%采集，把牢施工工艺质量关。推广架空线路无人机验收，对架空线路杆顶、设备接续线夹等关键位置100%全覆盖，把牢竣工验收质量关。三是开展项目成效评估。将项目需求问题结构化分解，细化关联可靠性相关指标，从立项必要性、方案合理性、实施时效性、指标提升度等方面开展量化评价，检验网架改造、设备维修、不停电作业、业扩配套等项目实施成效，动态修正储备重点和项目方案策略，确保投资精准高效。

（四）深化运检数智转型，实现设备状态可靠

国网江苏电力全力推动配网数字化转型，开展设备数字化改造，推动运

检装备智能化升级，不断优化运检管控体系，充分挖掘数据价值，赋能基层管理减负增效，精益提升设备运行状态。

1. 打造高效数字配网，实现全网状态感知

一是强化基础数据管理。编制数据管理规范，落实数据主人制度，固化存量数据治理标准和增量数据维护要求，以严格的数据管理制度保障现代智慧配电网建设运营和供电可靠性管理高效。深化数据校核技术应用，依托一张图应用、馈线图模拓扑分析等技术，开展图形美观性、台账完整性、拓扑准确性校核，充分利用线损治理、停电信息发布等业务应用反向校核数据准确性，驱动基础数据持续提升。二是深化智能化布点改造。综合源网荷储资源可观可测可控要求，按照"最小化精准采集+计算推演"技术路线，制定配电自动化布点优化策略算法，项目实施一年以来，全省优化布点终端7.1万台，配电自动化标准线路占比提升至57.99%。针对"四防"隐患站房治理需求，精准推进智辅系统改造，传感及可视化设备在线率达98%以上，实现站房运行状态环境全感知。三是规范源荷资源接入。统一用户侧源荷资源模型，制定统一接入数据标准，明确电能质量、电压、电流等信息采集规范，支撑主配一体化可观可测需求，支撑新型源荷全要素接入采集。完善用户侧分布式光伏、储能和充电桩等源荷并网装置技术标准，规范与电网互动接口协议，支撑用户侧资源参与电网调节。

2. 优化运检管控体系，支撑精益运维管控

一是夯实配网基础运维。建成1180个标准化网格驻点，细化网格人员、装备配置，明确运检抢等业务标准化实施要求，提升基础运维能力。压实设备主人责任制，推动设备主人下沉网格、贴近一线、贴近设备，细化运维成效关键指标评价，保障网格高效运转。强化网格业务外包管控，通过信息化常态管控外协队伍作业行为、动态评价网格运维成效，并纳入供应商履约评价，有效提升运维外包质量。二是强化智能运检应用。拓展无人机应用，制定配网无人机作业管理规范，开展无人机自适应参数化建模与蛙跳巡检技术应用，实现航线规划和设备巡检更高效，无人机配置率提升至0.5架/百千米，无人机自主巡航检测率提高到30%。推广数字化红外成像、局放检测应用，开展带电检测仪内外网交互改造，实现检测报告一键生成、缺陷隐患线上管控。三是强化配网运营管控。加强配网运营业务管控，供指中心构建关键指

标数字化管控体系，依托工单驱动机制，开展监测、预警、派发、督办，实现异常问题全流程闭环。加强班组成效管控，构建班组核心指标看板，对供电可靠性、优质服务等指标细化展示，班组对管理短板一清二楚。深化业务信息化应用，PMS3.0全面实用化，巡检、消缺、两票等业务100%在线化运转，现场作业实现"一人一终端"，移动作业场景覆盖率大于90%。

3. 深挖数据应用价值，赋能管理提档升级

一是赋能高效运维决策。基于配网故障特点、设备状态、气象数据等要素，分析评估线路运行状况，制定差异化运维策略，动态调整巡视周期，合理分配无人机巡检、局放检测等精益运维资源，最大限度提升运维质效。二是赋能停电集约管控。建立涵盖中低压停电事件停电池，基于停电池开展全口径计划停电需求分析，实现停电计划自主平衡，保证"一停多用"，杜绝因停电计划安排不合理导致频繁停电。加强停电与缺陷隐患关联分析，在上报停电信息时结构化匹配问题清单，确保"逢停必消"。三是赋能供电服务管控。搭建实时故障研判系统，综合应用线路跳闸、台区停电、表箱故障、单户失电等数据，分钟级监测客户失电，实现主动抢修。根据全口径用户报修情况及全量停电信息，全面分析客户频繁停电情况，指导基层单位开展预警管控，防范客户投诉风险。

（五）推动源网荷储协同，实现电网安全运行

国网江苏电力深入研究能源绿色转型背景下新型源荷互动模式，构建主配微协同运行技术架构，大力开发用户侧灵活性资源，研究源网荷储协同控制策略，通过价格引导和市场机制，引导源荷储资源主动参与电网调节，推动电网调峰由传统电源指令调节向主动参与互动转变，有效提升电网运行稳定性，保障供电可靠性。

1. 打造源荷互动平台，建立电网协同控制体系

一是建立主配微协同控制架构。构建省地配微协同、源网荷储一体的分层分级控制架构，贯通调度SCADA、配电SCADA、现货市场技术支持、外部能源管理等系统，明确系统间通信协议和交互内容，完善信息接入和安全防护措施，实现主配网对微电网、虚拟电厂的调节可观可测可控。二是构建主配网协同调度模式。开展主配协同调控，通过配网运方调整、源荷协同控

制，缓解主网供电压力，避免对客户实行有序用电。开展主配网运行风险评估，施行全网运行风险分级预警和预案编制，保障电网的安全可靠运行。开展主配网协同故障分析，充分调度主配网电源和可调节资源开展协同故障恢复，降低故障影响。三是提升精准控制能力。深化配网单相接地智能选线选段功能应用，全面完成配电网分级保护配置，开展5G保护、多端差动保护试点应用，推动FA功能覆盖范围由单一馈线向全变电站迭代升级，提升故障定位、隔离与恢复能力。通过"贴标签、排序位"方式健全非民生可控负荷资源池，精准实施负荷协同控制，降低有序用电影响范围。

2. 深挖用户可调资源，聚集电网协同控制资源

一是推动负荷侧可调节能力开发。挖掘工商业、交通运输、民用建筑等行业潜在可错峰、可中断负荷，针对建筑空调、高载能工业设备，出台补贴政策，引导企事业单位开展蓄冷蓄热、电机变频等技术改造，完善用户内部能源管理系统功能，提升负荷灵活参与需求响应能力，更好支撑电网运行。二是推动储能设施建设应用。完善储能行业发展规划，推动江苏省发展改革委出台《江苏省"十四五"新型储能发展实施方案》，充分发挥电网侧储能区域电力电量平衡、调峰调频与保电作用。加强新能源配建储能运行管理，促进新能源就地消纳，有效缓解新能源出力波动性影响。积极引导用户侧储能建设，提高削峰填谷能力，提高自身供电可靠性。三是推动虚拟电厂发展。引导虚拟电厂聚合分布式光伏、储能、充电场站、智慧楼宇等可调节资源，实现常态化、规模化参与需求侧响应、可调负荷辅助服务，提高电网弹性，保障电网安全可靠运行。

3. 发挥市场政策作用，激发可调资源保供潜能

一是明确可调节资源市场准入条件。推动关于分布式电源、储能、虚拟电厂、微电网等资源参与市场的政策落地，针对不同市场品类，围绕接网标准、信息通信、调度控制、计量统计等方面，差异化制定可调节资源参与现货、辅助服务等电力市场的准入条件，鼓励可调节资源通过聚合商、代理等模式参与电力市场，发挥可调节资源对电网支撑作用。二是推动出台电动汽车有序充换电政策。大力推广"企事业单位有序充电为主+公共快充为辅"的充电模式，围绕有序充换电制定差异化、场景化解决方案，基于源荷协同需求和车辆出行特性，综合采用峰谷电价、服务费让利等手段，引导车辆错

峰充电，试点企事业单位、公交、重卡、物流等行业车辆集中换电，支撑电力电量平衡。三是推动完善电价政策机制。充分发挥价格引导作用，推动政府动态完善分时电价机制，结合电力系统用电负荷、净负荷特性变化，科学划分峰谷时段，合理确定峰谷价差，推动优化季节性尖峰电价、深谷电价机制，强化与电力需求侧管理政策衔接协同，发挥价格杠杆作用，合理引导各类负荷资源削峰填谷，缓解高峰供电压力。

三、适应现代智慧配电网高速发展的供电可靠性管理的成效

（一）关键指标持续改善，助力电网可靠运行

通过配电网精准投资、精益化运维管控，持续提升配网关键指标。项目实施以来，累计消除单辐射线路397条、重过载线路261条，每月服务约百万千瓦分布式电源接入，更好支撑电网安全稳定运行和新能源全额消纳。通过专业管理数字化升级，实现配网全面感知与协同调控，提升供电可靠性和服务水平，2023年迎峰度夏期间未开展需求响应，生产类投诉意见工单同比下降39.22%，全口径用户平均停电次数0.49次/户、同比减少0.11次/户，全口径供电可靠率达到99.9853%、同比提升0.0098个百分点，全面保障客户可靠用电。

（二）供电能力持续提升，助力企业增供多销

通过高效运转的可靠性管理体系，配网供电保障水平和服务能力有效提升，有力支撑电网增供多销，经济效益显著。配电自动化实用化成果凸显，建成"主干线馈线自动化+分支线、分界开关分级保护"的配网自动化应用体系，项目实施以来，自动化线路覆盖率提升至97.10%，累计减少停电时户数62.94万，增供电量0.23亿千瓦时。推动检修方式从停电向不停电转变，累计完成不停电作业32.93万次，增供电量6.08亿千瓦时。

（三）政企合作同向发力，助力电网安全保供

发挥电网企业能源管理社会责任，助推政府出台能源交易市场、电动汽车分时电价、电动汽车充（换）电实施方案、新型储能发展实施方案等多个政策文件，促进可调节资源深度参与电网调节。强化政企合作，开展现代智慧配电网示范试点建设，构建主配微协同运行、源网荷储友好互动平台，深度聚合用户灵活性调节资源，具备百万级资源调节能力，提升迎峰度夏顶峰能力，保障电网安全稳定运行。

5

基于价值创造的大型供电企业示范引领非公企业党建管理实践

创作单位（部门）：国网江苏省电力有限公司南京供电分公司
主创人：李　晨、任文婷
参与创造人：滕　宇、王　兰、黄文宝、赵雨辰、宋文斌
荣获表彰：国网江苏省电力有限公司2023年度管理创新优秀
　　　　　成果一等奖

[**摘要**] 党的二十大报告强调，要推进国有企业在完善公司治理中加强党的领导，加强混合所有制企业、非公有制企业党建工作。随着国有企业改革发展持续深化，企业用工逐步形成了多元化的模式，产业链上的非公企业也呈现壮大趋势。国网江苏省电力有限公司南京供电分公司作为国家电网有限公司下属的大型供电企业之一，产业链上的非公企业多达900余家，系统内多种身份用工群体近3000余人，其中党员占比约6.2%，这些群体都成为国网江苏省电力有限公司南京供电分公司高质量发展不可或缺的组成部分。近年来，国网江苏省电力有限公司南京供电分公司始终坚持以高质量党建引领保障企业高质量发展，充分发挥产业链"链长"作用，结合自身党建优势，围绕"责任共担、思想联动、管理联抓、队伍联培"四个方面，积极构建"以组织链引领、巩固教育链，以教育链带动、提升产业链，以产业链凝聚、建优人才链，以人才链筑牢、赋能组织链"的"四链一体"共建联创体系，探索出一条国有企业引领非公企业党建价值创造实践之路，有力推动非公企业组织堡垒建在"链"上、党员先锋模范作用发挥在"链"上，为中国式现代化南京实践作出更大贡献。

国网江苏省电力有限公司南京供电分公司（简称国网南京供电公司）是国家电网有限公司下属的大型供电企业，负责向全市11个区的500万余户电力客户提供安全、经济、清洁、可持续的能源供应服务。国网南京供电公司紧扣国家电网有限公司"一体四翼"发展布局，推动城市级新型电力系统建设，服务"双碳"目标实现。国网南京供电公司在各项工作中争先领先率先，取得了丰硕的发展成果。先后荣获"全国质量奖""亚洲质量卓越奖"。南京"获得电力"成为全国标杆，国网南京供电公司获评"全国用户满意标杆企业"，在地市供电公司中首家获评全国市场质量信用标杆（AAA级）。国网南京供电公司始终坚持以高质量党建引领保障公司发展，所属各级党组织184个，党员2698人。连续多年位居国网江苏省电力有限公司（简称国网江苏电力）党建专业绩效考评第一，连续四届蝉联"全国文明单位"，连续11年在南京市行业单位作风评议中排名第一，党委获评国家电网有限公司"红旗党委"、国家电网有限公司政治思想标杆。

一、基于价值创造的大型供电企业示范引领非公企业党建管理实践的背景

（一）坚持党的全面领导，落实新时代党的建设总要求的客观需要

党的二十大报告对坚定不移全面从严治党，深入推进新时代党的建设新的伟大工程作出了部署。习近平总书记对非公有制企业党建工作也多次作出重要指示。面对后疫情下的经济形势，壮大民营经济对支撑保障社会经济高质量发展具有重要的意义。坚持党的领导、加强党的建设，是我国国有企业的光荣传统，是国有企业的"根"和"魂"。近几年，党中央、国务院在完善国有资产管理体制、深化国有企业改革等方面出台一系列政策文件，明确

了做强做优做大国有企业的新目标，提出了加快建设世界一流企业的战略任务。如何进一步发挥国企党建示范引领作用，是国有企业改革发展面临的新课题，也是加强国有企业党的建设的必然要求。为此，国有企业党组织和党建工作迫切需要构建一套适应中国式现代化电力发展之路的党建管理体系，这也是推动公司党建高质量均衡发展的现实需求。

（二）落实战略目标，支撑保障国有企业高质量发展的有效途径

国家电网有限公司明确提出"建设具有中国特色国际领先的能源互联网企业"的战略目标。国家电网有限公司党组以深入实施"旗帜领航"党建工程，引领企业高质量发展，助力战略目标落地。随着省管产业改革发展持续深化，如何提升产业党建工作质量，是改革发展面临的新课题，也是加强国有企业党的建设的必然要求。国家电网有限公司出台的《关于全面加强省管产业单位党的建设的意见》，为国网南京供电公司新形势下加强产业党建工作指明了工作方向，也清楚认识到国网南京供电公司有责任有义务，发挥自身独特优势，引领非公企业共同实现党建价值创造，为深化省管产业单位改革、加快建设具有中国特色国际领先的能源互联网企业提供坚强保证。

（三）凝聚发展合力，助力现代产业链发展的重要举措

作为关系国民经济命脉和国家能源安全的特大型供电企业之一，国网南京供电公司产业链上现有非公企业1200余家，不仅在经济上、技术上扛起现代产业链链长责任，更要在政治上、党建上，团结产业链上下游各个单位、各类主体，凝聚推动中国现代化建设的强大合力。产业链上的非公企业能否与公司发展同心同向，公司外包用工党员能否在重大工程建设、重大抢险救灾、便民利民服务等任务中发挥党员先锋作用，成为制约公司高质量发展的重要因素之一。

二、基于价值创造的大型供电企业示范引领非公企业党建管理实践的主要做法

（一）优化顶层设计，构建"四链一体"共建联创管理

国网南京供电公司坚持以习近平新时代中国特色社会主义思想为指导，紧扣高质量发展的主题，聚焦增强组织政治功能和组织功能，充分发挥自身党建优势，立足共建非公企业自身特点，优化顶层设计，从组织架构、制度保障、实施路径等方面入手，构建"四链一体"共建联创管理。

1. 建立组织架构，凝聚党建合力

国网南京供电公司依托党建工作领导小组办公室，每月召开工作例会，统筹谋划，指导推动在各级党组织的贯彻落实。同步成立国企引领非公企业党建价值创造专班，下设组织组、教育组、纪检组、宣传组，由国网南京供电公司三级职员担任顾问，党建部负责人担任总联络员，定期向党建领导小组办公室汇报各组工作开展情况，全面构建党委统一领导、有关部门齐抓共管、一级抓一级、层层抓落实的工作格局，协同推进各项任务。

2. 健全制度保障，完善治理模式

国网南京供电公司在现有的党委委员复合式分工制度中，将国企引领非公企业党建价值创造项目纳入项目职责分工，由牵头的党委委员负责过程推进，确保责任到人。实施"揭榜挂帅"，采用竞榜制，引导基层党组织主动参与、落地实践，项目推进情况纳入基层党建绩效考核评价，逐步形成"面上有部署、点上有示范、过程有管控"的工作氛围，推动全面融入公司治理各方面。

3. 明确实施路径，促进价值创造

国网南京供电公司坚持以党建价值创造为导向，将国有企业党组织的独特优势与现代企业制度有机结合，引领非公企业聚焦增强党组织政治功能和组织功能，分别建立了"责任共担、思想联动、管理联抓、队伍联培"实施路径，构建起"以组织链引领、巩固教育链，以教育链带动、提升产业链，以产业链凝聚、建优人才链，以人才链筑牢、赋能组织链""四链一体"共建联创管理体系，有力推进国有企业引领非公企业党建价值创造（见图1），助力双方高质量发展。

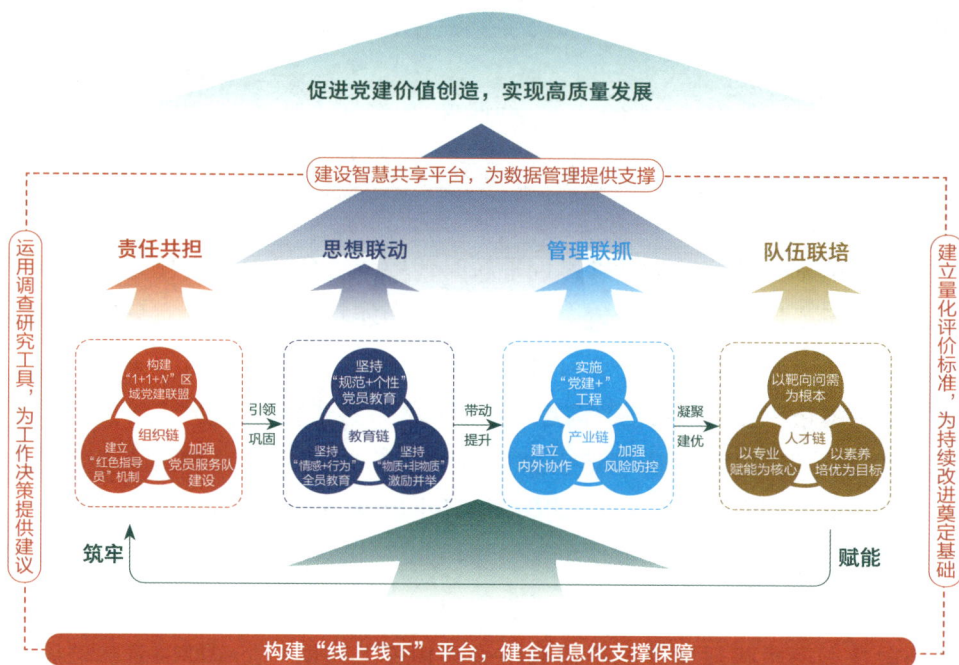

图1 大型供电企业引领非公企业党建价值创造的"四链一体"共建联创管理

（二）充分发挥党建领航作用，建强"组织链"

国网南京供电公司聚焦增强党组织政治功能和组织功能，针对业务链上非公企业党组织建设不健全、缺乏有效的组织联系等问题，充分发挥"链长"作用，通过构建区域党建联盟、建立指导员联络机制、加强共产党员服务队建设等举措，建立上下贯通、执行有力的组织体系，形成党建工作齐抓共管局面，以责任共担保障价值创造。

1. 结合产业布局，构建区域党建联盟

立足电网行业特色和能源产业链布局，充分将党建优势融入企业治理，建立"电力企业党委主导、基层党组织协同推进、非公企业党组织联动"模式，推动非公企业加入"设计-施工-监理""物资-供应-仓储""产学研用"等多个区域党建联盟，联合非公企业强基补短，推动产业提升，变产业链上各单位"各自为阵"为"全链贯通"。作为产业平台，南京华群能源集团有限公司党委充分发挥"链长"作用，围绕电力保供、安全生产、科技创新、物

资供应等核心业务，与产业链上的南京合纵电力工程有限公司、南京宁众人力资源服务有限公司等20余家非公企业签订了共建协议，逐步构建了"设计—施工—监理""物资—供应—仓储""产学研用"等多个党建联盟，为新型电力系统建设、战略性新兴产业发展提供了强有力的组织保障。

2. 加强标准化管理，建立"党建工作指导员"机制

国网南京供电公司贴近相关非公企业党建现状，在参照国家电网有限公司《支部标准化建设》的基础上，出台国网江苏电力系统首部《国企示范引领非公企业党建管理指导意见》，同步编制《工作指引》，围绕"组织建设、党员教育、党费收缴、党组织关系转接"等党务工作进行实操说明，便于全面推广实践。同时，选派有经验的红色指导员，从健全组织机构、开展党员教育管理、标准化建设等方面为相关非公企业提供党建专业指导帮助。对具备组建党组织条件的非公企业，主动协助规范成立党组织，先后协助南京宁众人力资源服务有限公司由党支部升格为党总支，协助非公企业成立党组织，推进党组织设置运行与企业管理架构有机融合，推动"两个覆盖"（即党的组织覆盖和工作覆盖）在非公企业有效落地。以江苏莘纳吉公司（从事供应链服务）为例，国网南京供电公司与其开展共建联创，指导其于2023年5月成立党组织，组建党员联合攻关团队，开展数字周岗升级改造"融合共建"攻关项目，建设"光储充"微电网，打造"数字周岗"示范工程，以责任共担保障价值创造。

3. 提升"平急转化"能力，加强党员服务队建设

发挥南京石城共产党员服务队"金字招牌"作用，鼓励带领外包用工党员参与服务队的建设，遵循组织系统性、结构功能性、动态平衡性的管理原则，提升"平急转化"转化能力。平时立足本职工作，爱岗敬业、无私奉献，主动融入党员责任区、示范岗创建，鼓励党员身份亮出来。邀请外包用工代表列席公司职工代表大会，鼓励该群体参与公司合理化建议，发挥该群体在安全生产、舆论处突、民意传达等方面的积极作用，推动该群体融入公司治理各环节；"急时"加入重大工程、重点项目临时党支部或共产党员服务队，促进先锋模范作用发挥，助力企业安全生产、攻坚克难。率先成立省公司系统第一支外包用工党员服务队，由外包用工党员担任服务队队长，服务范围覆盖安全生产、优质服务、科技攻关、志愿帮扶等，先后参与"城乡文明结

对""500千伏秋藤—望江变电站"等重点工程,在实践中提升组织凝聚力、战斗力。

（三）精准把握分众需求,筑牢"教育链"

国网南京供电公司坚持以需求导向,把握"教育同质"原则,同步对多种身份用工开展教育、管理、监督和服务,突出分类施教,注重激励评价,着力推动思想从认知到认同再到践行,促进员工与企业同心、同向,推动战略目标落地,以思想联动促进价值创造。

1. 坚持"规范+个性"党员教育,增强身份意识认知

为解决外包用工党员身份意识不强,部分用工单位党组织对吸纳该群体参加组织生活存在一定顾虑等问题,国网南京供电公司坚持教育同质,不断丰富常态化日常教育手段,强化党员身份意识。国网南京供电公司结合属地用工单位和人事单位的性质和特点,确立了"规范+个性"工作原则,对于编入派驻党组织的外包用工党员,属地用工单位党组织同步开展教育、管理、监督和服务,配备外包用工党员学习笔记本及党员活动证,创建"组织生活互通凭证",着力解决多种身份用工党员异地学习认证问题。对非公企业自主开展"三会一课",提供"宁慧"党员教育路线、主题党日等菜单服务,鼓励联办活动,提升党员参与度的同时,更提升了组织生活质量。建立外包用工"双培养–双转入"发展党员工作机制,确定"2+1"培养模式,即由人事单位党组织2名培养联系人、属地用工单位党组织书记共同培养的方式,确保党员发展规范有序,有质有量。近三年,国网南京供电公司新发展外包用工党员人数相较前三年新增20%,递交入党申请书的人数同比增加26%,组织向心力持续提升。

2. 坚持"情感+行为"全员教育,增强企业文化认同

国网南京供电公司坚持以战略目标为导向,承接国家电网有限公司统一的企业文化,构建了"党委统一领导、专业部室分管、基层单位落实、基层班组执行"的"四层联动"工作格局。通过在基层和生产一线实践,劳模精神、工匠精神不断传承,促进多种身份用工对企业文化和发展方向的认识统一,促进国网南京供电公司与相关非公企业的合作共赢,筑牢价值认同的认知基础,营造出上下同心、协同发展的和谐氛围。同时,国网南京供电公司

在多种身份用工中深入开展的企业文化、安全文化、廉洁文化宣贯，通过开展全员学习周、企业文化展厅、信条体系建设等载体，进而长期影响该群体的内在需要和工作动机，将战略意志转化为全体干部员工的情感认同和行为自觉。国网南京供电公司坚持将典型作为公司"行走的价值观"，编制国家电网系统首部《先进典型选树培育宣传十四五规划》，按照"选好种、育好苗、搭好梯、树得起"的方法，选树培育出全国"诚信之星"、江苏省"时代楷模"等各类重大先进典型，实现以身边人带动、示范身边人，为企业基业长青提供强大精神动力。

3. 坚持"物质+非物质"激励并举，增强价值观践行

国网南京供电公司在传统物质激励的基础上，进一步挖掘企业榜样在价值观教育实践上的最大价值，通过完善组织架构、健全工作流程、制定专项制度、培育专业队伍、实施多维评估等管理手段，构建了以显性化、及时化、仪式化、常态化为基本特征，以人心凝聚为核心目标（简称"四化一心"），以授勋和多元化激励为实践形式的非物质激励体系。创建"名人堂"（7周年）、"宁电好榜样"道德模范（已历7届）、"宁电好青年"青年模范（已历6届）等榜样选树，并为其郑重举办入堂仪式、颁奖典礼、道德讲堂等仪式活动，累计选树宣传了超百位企业榜样，覆盖企业各专业类别、岗位特质，打造崇德向善、争先进位的"众木成林"生态。

国网南京供电公司首创"名人堂"非物质激励实体阵地，其中入堂仪式，即为表彰进入堂的名人举行颁奖典礼，授予名人勋章，肖像和先进事迹将展存于名人堂大厅内，通过"引荐-摘星-入堂-致谢"仪式设计，增强仪式感。同步面向外包用工开展"宁集先锋"道德模范评选，进一步强化多种身份用工对价值观的理解认识，坚定内心的情感认同；激发内在需要和工作动机，极大激发员工凝聚力和组织向心力，为推动公司高质量发展提供有力支撑。

（四）搭建沟通共享平台，助推"业务链"

随着产业改革发展，产业链上非公企业对加强党建工作逐步形成了共识，但党建基础薄弱，资源未得到统筹、发展合力还未形成。国网南京供电公司充分发挥"链长"作用，着力搭建沟通共享平台，聚焦破解企业发展、社会民生难题，打通专业、技术壁垒，以管理联抓支撑价值创造。

1. 实施"党建+"工程，服务企业发展

按照"确定一个结对主题、召开一次联席会议、制订一份实施计划、解决一个实际问题"的思路，对接"党建+"11个专业领域（安全生产、重大保电、基建、特高压建设、提质增效、优质服务、科技创新、物资管理、电网调控、产业升级、新型电力系统建设）推进需求，定期组织相关单位（部门）、非公企业、上下游单位开展共商共议，形成跨行业、跨单位、跨专业、跨地域的结对模型，形成了"党建+"科学闭环的管理模式，进而增强结对产业链上企业党组织之间的组织凝聚力，专业攻坚力，队伍战斗力，推动企业优势互补、合作共赢。

2. 建立内外协作，服务社会经济发展

为提升供电服务质量，国网南京供电公司针对省市重大项目成立服务工作小组，对内分级分层由公司领导班子成员挂钩督办，确保项目按期投产送电。对外与链上非公企业建立项目预警管控机制，对于推进中遇到的重大事项问题，可按需召开重大项目推进例会协调解决。聚焦破解"小区计量装置改造"等社会民生热点问题，国网南京供电公司计量专业加强工单溯源分析，抢修类非公企业同步结合老旧小区改造计划，动态调整改造实施计划，精准优先改造频繁停电区域。通过内外部紧密协作，畅通工作运转效率，实现资源统筹整合。全市计量类诉求工作同比下降31.2%，工单满意率由94.7%提升至96.8%。

3. 加强风险防控，促进企业行稳致远

建立风险管控机制，围绕近年来各类巡察检查中合规经营管理、物资管理、招投标管理以及重点领域管控等方面出现的问题，形成风险典型案例库，与产业链上非公企业共同学习防控，落实好责任保障、动态激励、评价监督工作机制，切实开展产业链上风险评估和内控，提升双方合规管理水平。依托"大监督"联席会议，不定期邀请产业链上非公企业代表列席会议，参与公司经营日常监督，听取代表对公司管理意见，推动公司监督网络纵向延伸。南京远能送变电分公司开展项目分包治理专项行动，与非公企业互聘监督员，共同签订安全、廉洁和党建结对共建协议，共同打造产业链上"安全生态圈"，共同营造产业链上"风清气正、人和业兴"的政治生态。

（五）采用"三维一体"模式，建优"人才链"

人才是企业的核心竞争力。国网南京供电公司坚持围绕"产业链"布局"人才链"，以靶向问需为根本，以专业赋能为核心，以素养培优为目标，全面促进非公企业提升"造血"功能，以"人才链"的价值反哺于企业高质量发展，以队伍联培助力价值创造。

1. 以靶向问需为根本，提升队伍向心力

国网南京供电公司通过靶向问需，精准摸排多种身份用工的实际需求。经过调查问卷数据分析，普遍对新型电力系统、新兴产业等方向较为关注，也有迫切培训需求。为此，国网南京供电公司聚焦"卡脖子"难题、重点攻关项目，协同专业部门分层分批开展专业培训，切实解决"工学矛盾问题"。同时，在开展评优评先、典型培育、党内慰问等工作时，全面统筹专业资源和工作平台，适当倾斜，有效促进了其作用发挥。定期开展外包用工党员思想动态调研，主动走访慰问困难党员家庭，妥善处理该群体合理诉求，用真情关怀和真心服务。建立外包用工"荣誉疗养"机制，以此鼓励近三年个人绩效评定为优秀或取得市级及以上荣誉的外包用工，努力让该群体在温暖的"组织大家庭"找到归属感。

2. 以专业赋能为核心，提升队伍战斗力

国网南京供电公司结合多种身份用工专业技能参差不齐的现状，注重职业素质和职业能力同步培养，依托自身较为完善的"系统+实景+实操"培训体系，协同链上非公企业开展适应新形势下新型电力系统、数字化转型、能源改革等新兴领域、重点工作的技能培训，选派省市公司专家进行授课。同时，联合南京市总工会、市人力资源和社会保障局共同举办"南京市职工职业（行业）技能大赛装表接电专业技能竞赛"，鼓励链上低压抢修类非公企业以赛促练，积极开展常态化全专业岗位练兵，让员工带着问题学知识、带着难点学技术，鼓励员工在干中学、学中练、练中比，通过靶向学习、专业普考、比武练兵，检验岗位培训效果、发掘技能人才，真正提升非公企业"造血"能力。

3. 以素养提优为目标，提升队伍精气神

国网南京供电公司坚持以人为本，在精神素养方面，首次在外包用工中开展二级党组织书记、工会主席、团委书记优推优选，结合政治素养高、群众基础好、工作能力强、道德素质佳四个维度，通过综合岗位的历练，让有能力、有激情、有工作愿望的同志脱颖而出，发现一批优秀的兼职党务工作人员，为基层党建队伍注入新鲜血液。在人才培养方面，首推外包用工职业通道管理办法、劳动竞赛管理办法等8项人力资源管理制度，为新进校招外包用工制定"一人一职业培养方案"，系好进入单位的"第一粒纽扣"。畅通职称评定、技能等级鉴定渠道，出台优秀人才直签规则，不断打通该群体职业发展通道。近三年，该群体职称评定、技能等级、执业资格取证人数逐年增长，为产业改革转型提供了坚强的人力资源支撑。

（六）构建"线上线下"平台，健全信息化支撑保障

国网南京供电公司积极运用"互联网+"思维，引入"大数据"支撑，打造并运用线上智慧党建平台、线下量化考核评价，持续改善提升，不断提升信息化支撑保障，切实提升管理效能。

1. 建设智慧共享平台，为数据管理提供保障

国网南京供电公司因地制宜，积极运用"党建+互联网"思维，建设智慧共享平台，线上依托国网江苏电力线上党建全交互系统，深化打造"以产业平台党委为中枢、产业子单位与链上非公企业多维互联"的智慧党建系统，一站式满足线上组织生活、结对创先、学习分享、业务研讨等活动需求，切实提升教育培训的覆盖面、实效性和便捷性，促进产业链上党建资源共享。同时，系统实时、动态、精准、可视化地呈现产业链上及不同区域、不同组织、不同党员群体的党员发展、组织关系转接、组织换届等实时数据，提升了产业链上党建管理的质效。

线下打造"有事'宁'来议"的党员议事厅，建立"提出需求–专业研判–提交办理–联系回访–归档记录"的议事厅工作机制，进一步优化信息交互平台的布局和功能的配置，搭建起企业与多种身份用工、社区之间的沟通桥梁。议事厅通过满意度调查、思想动态调研等方式收集意见共有6条，涉及党员教育形式不够丰富、发展名额紧缺等方面，相关议题分类提交至相关党组织、地方街道社区工委办理，提升数据治理功能。

2．运用调查研究工具，为工作决策提供建议

国网南京供电公司坚持以调查研究为抓手，立足链上非公企业、外包用工实际需求，设计个性化的思想动态调研问卷，包含学习教育、职业发展、员工归属感、现状满意度、急需解决的问题等多个维度，共计发放问卷200余份，其中：对国企引领非公企业党建价值创造工作，链上非公企业了解度近80%，参与意愿达91.2%；对外包用工党员教育管理现状满意率达96.4%；急需解决的问题集中在党员发展名额较少、组织生活开展形式不够丰富、职工荣誉疗养是否可以常态化并扩大受益面，这些问题都为下阶段工作持续改进提供了一定参考。

3．建立量化评价标准，为持续改进奠定基础

国网南京供电公司针对多种身份用工单位在实际工作中"码不准""不会办"等问题，在大量调研的基础上，围绕"党员组织生活""党员发展""民主评议党员""组织关系转接"等15个方面，编制了多种身份用工党员教育管理工作指引，解答了基层用工单位在实际操作中面临的问题，形成了国网江苏电力系统内首个专项党员管理量化标准，提升专业管理水平。在此基础上，国网南京供电公司将多种身份用工党员教育管理工作纳入基层党组织书记抓党建工作考核评价中，将国企引领非公企业党建价值创造情况纳入衡量基层党组织建设成效关键指标之一。通过建立准确完善的测量标准，确定科学全面的测量指标，实时监测党建工作运行状况，客观评价党建工作质量，制定改进措施，促进党建工作与企业发展同频共振，互融共进。同时，明确每年与街道（社区）组织一同听取非公企业组织党建工作开展情况汇报，并提供参考评价，实现评价反馈持续改进。

三、基于价值创造的大型供电企业示范引领非公企业党建管理实践的效果

（一）党建领航作用凸显，企业管理水平大幅提高

通过实施该体系，国网南京供电公司产业链上的非公企业党建价值创造

能力不断增强。在新型电力系统建设、助力乡村振兴、电力保供等重大战略部署中，广大非公企业党员与国网南京供电公司广大党员一道充分发挥着先锋模范作用，用实际行动展现了"拉得出、顶得上、打得赢"的精神品质，成为服务地方经济发展、助力"强富美高"新南京建设的金色名片。近三年，国网南京供电公司产业链上非公企业党组织建设率由23.84%上升至93.33%。50名外包用工骨干顺利转为公司直签（优秀人才引进）。12人获评全国无偿献血奉献奖。其中1优秀员工顺利直签，并获评全国巾帼建功标兵、江苏省文明职工、江苏好人等荣誉称号。以国网南京供电公司产业平台推动非公企业成立的首个派驻党组织"南京宁众人力资源服务有限公司"为例，党员人数由原21人增至71人，并升级为党总支。此后，宁众华群分工会和宁众华群团委相继成立，确保每名外包用工都能找到"组织之家"，让多种身份用工感受到在"同一个家园"里干"同一份事业"。

（二）发展动能更加充足，企业经济效益稳步提升

在引领非公企业党建价值创造同时，国网南京供电公司也不断将自身党建优势转变为发展优势。全年全社会用电量同比增长6%，售电量同比增长7.2%，有力支撑着南京经济快速发展。南京华群能源集团（产业平台）建立主业-产业联动创新机制，全年累计申请专利73项、获得授权专利22项，"配网不停电作业安全管控系统及装备"入选国网江苏电力首批"十大重点创新成果"。在省内率先建立覆盖全口径一线员工的安全奖惩办法，被查处违章积分下降超过70%。南京华群能源集团及多家分、子公司获评"国家电网有限公司首批示范施工类企业""江苏省文明单位"等荣誉，多项工程项目获省"扬子杯"、国家电网有限公司优质工程奖，南京华群能源集团获评江苏省文明单位、南京市湖南路街道"同心共筑"优秀共建单位，"'三同四统五提升'外包用工党员管理模式探索与实践"荣获市优秀思想政治工作成果一等奖。作为共建联创的产业链上非公企业代表，南京合纵电力实业有限公司先后获评"全国工人先锋号""江苏省厂务公开民主管理先进单位""全区非公企业党建带工建示范单位"，非公企业经营效益、管理成效显著提升。

（三）责任担当不断强化，企业品牌形象充分彰显

国网南京供电公司党的建设与战略转型深度融合，央企"顶梁柱"作用愈发凸显，先后培育出"全国先进基层党组织"（国网江苏电力系统基层党组织唯一）、全国"诚信之星"（国家电网系统唯一）、全国学雷锋活动示范点、全国道德模范提名奖、全国向上向善好青年等一批先进典型。首创的"四链一体"的共建联创管理，受邀在国网党建部主任培训班上交流、江苏电力"察实情、出实招"现场调研会上进行专题交流，受到了兄弟单位的充分肯定，为其他国有企业如何推动党建工作均衡高质量发展提供参考和借鉴。在产业链上的非公企业中也有广泛示范，目前已有施工类、供应链类、人力资源类等50余家非公企业主动与国网南京供电公司开展共建联创。同时，该体系也受到了上海市浦东干部学院、南京市委组织部、湖南路街道工委的高度关注，认为该体系可复制、可推广，为地方加强非公企业党建工作提供了成功实践和宝贵经验。2023年，该管理模式被推荐申报全国基层党建创新优秀案例，将向全国推广、展示典型经验和做法，传递"苏电经验"，进一步彰显企业品牌形象，实现双方发展共赢。中央第23巡回指导组副组长谭志博在国网南京供电公司调研时指出，实践国企示范引领非公企业党建管理新模式，发挥产业链"链长"作用，指导非公企业抓党建、促发展，首创性突出、推广性强，是两批主题教育相互衔接、前后贯通的有效体现。

6

基于"两个计划"的输变电工程进度和作业风险融合管理

创作单位（部门）：国网江苏省电力有限公司建设部、国网江苏省电力有限公司泰州供电分公司、国网江苏省电力工程咨询有限公司

主创人：孙　雷

参与创造人：袁　源、沈　飞、方　磊、杨永前、张远建、张志宏、封　磊、董佳斌、黄　涛

荣获表彰：国网江苏省电力有限公司2023年度管理创新优秀成果一等奖

[**摘要**] 为贯彻落实中央关于能源保供的工作部署，深化国家电网有限公司基建"六精四化"管理要求，推进工程进度计划与作业风险的互促共进，国网江苏省电力有限公司基建专业借鉴卓越绩效模式，引入系统管理、主动管理理念，开展工程进度和作业风险"两个计划"融合管理实践。在项目前期、工程前期阶段，深入分析工程合理工期、高风险作业等基本情况，有效规避特殊地形、敏感地段，降低施工及政处难度，保障工程施工进度，压降作业风险，奠定"两个计划"融合管理基础；在工程建设阶段，搭建"外协同＋内融合"组织架构，建立"年规划、月梳理、周管控、日执行、后评价"闭环管控机制与"年、月、周、日"例会机制，强化主动式安全管理，优化信息平台、新技术、党建等资源支撑，有序推进工程进度计划和作业风险的安全有序实施，落实"两个计划"融合管理要求。通过实践，进度及安全精益管控水平显著提升，工程质量、投资效益不断提高，有力彰显公司品牌形象与社会责任。

国网江苏省电力有限公司（简称国网江苏电力）是国家电网有限公司系统规模最大的省级电网公司之一，现有13个市、58个县（市）供电分公司和17个业务单位，服务全省4972万电力客户。江苏电网拥有35千伏及以上变电站3316座，输电线路10.8万千米。国网江苏电力荣获全国脱贫攻坚先进集体、国资委国有重点企业管理标杆企业，业绩考核连续十一年保持国家电网系统第一名，公司和电网发展迈上新台阶。白鹤滩—江苏±800千伏特高压直流工程及其配套送出工程、凤城—梅里大跨越段、苏通GIL综合管廊工程等重点工程安全高效建成，苏州南部500千伏电网加强工程获国家水土保持示范工程奖，无锡南500千伏变电站获国家优质工程奖，苏通GIL综合管廊工程获第二十届"全国质量奖卓越项目奖"。

一、基于"两个计划"的工程进度和作业风险融合管理的背景

（一）贯彻高质量做好能源保供工作要求的需要

面对2022年能源短缺问题，党中央提出要提升能源供应保障能力，大企业特别是国有企业要带头保供稳价，强化民生用能供给保障责任，党的二十大报告再次强调要深入推进能源革命，加快规划建设新型能源体系，确保能源安全。国家能源局贯彻落实党的二十大精神，印发《2023年能源工作指导意见》，提出要坚持把能源保供稳价放在首位，全力保障能源供应持续稳定，特别提到要以迎峰度冬和迎峰度夏为重点，持续做好电力保供工作。履行好电力保供是电力企业的首要责任，做好电力保供的主力军、排头兵是电力企业的首要任务，国网江苏电力保电任务重大，全年最大负荷86天过亿千瓦，为保障电力供应，迎峰度夏、改扩建等工程保持高位，全年基建工程均在

700项以上，改扩建工程占比超60%，涉及电网五级风险较多，对电力保供产生一定影响，施工窗口期限制，导致工程进度紧张，三级及以上作业风险集中实施，工程进度计划和作业风险管控难度较大。基于此，国网江苏电力需不断提升基建管理能力，主动适应电力保供新形势新要求，统筹解决好基建规模增长带来的进度与安全管控难题，扎实有力推进工程建设，助力"双碳"目标、新型能源体系、能源电力保供等重大部署，为国家分忧、为人民奉献、为公司尽责。

（二）落实国网基建"六精四化"管理的需要

国家电网有限公司2022年印发了《基建"六精四化"三年行动计划》，提出在专业管理上实施"六精"管理（精益求精抓安全，精雕细刻提质量，精准管控保进度，精打细算控造价，精耕细作抓技术，精心培育强队伍），在工程建设上实施"四化"建设（以标准化为基础、机械化为方式、绿色化为方向、智能化为内涵）。基建"六精四化"管理通过巩固近年来标准化、规范化、专业化管理成果，建立健全"架构更加科学合理、运转更加有序高效、管控更加科学有力"的专业管理体系，全面推进"价值追求更高、方式手段更新、质量效率更优"的高质量建设，提升专业管理水平和整体建设能力。面对上级新要求新部署，国网江苏电力需深入贯彻落实"精益求精抓安全""精准管控保进度"管理理念，从源头上防范化解重大安全风险，综合考虑建设条件和资源保障，统筹建设全过程各类计划精准管控，推进电网工程标准化、智能化建设，持续深化"业主管格局、监理管过程"，紧抓"设计与现场"，推动工程安全高效建设。

（三）推进基建进度管理与安全管理互促共进的需要

近年来，国网江苏电力工程建设体量保持高位，迎峰度夏、电源配套、垫铁配套等重点工程进度管理要求严格，工程进度管理涉及群工政处、物资供应、停电计划等内外部协调工作量巨大，进度管理面临挑战。与此同时，安全管理要求不断提高，党中央国务院、国家电网有限公司党组高度重视安全生产工作，深入推进风险分级管控、隐患排查治理双重预防机制，深入开展安全生产专项整治三年行动、事故隐患排查专项治理等主题活动，安全管理要求不断提高。对工程建设而言，进度是主线、安全是底线，只关注进度，可能会造成现场作业人员聚集、风险集中实施、安全管控薄弱，只注重安全，可能会造成现场迎接检查任务重、现场按部就班作业，工程进度推进缓慢。因此，国网江苏电力急需进一步统筹进度和安全对立统一关系，找到最佳结合点，统筹各类建设条件和资源保障，推动电网建设"进度"和"风险"计划融合，以进度计划促进风险计划精准管控，以风险计划支撑进度计划刚性执行，夯实基建安全基础，推动公司电网工程建设水平再上新台阶。

二、基于"两个计划"的工程进度和作业风险融合管理的主要做法

（一）明确工程管理的理念、目标与思路

1. 确立"系统管理+主动管理"理念

依托基建专业在500千伏输变电工程中融合应用卓越绩效模式的成功经验，结合基建进度精准管控、安全精益求精的业务需求，进一步提出系统管理、主动管理理念。系统管理理念。融合卓越绩效模式系统性、整体性管理思路，引入卓越绩效"系统管理"理念，将工程建设各阶段、各专业、各参与主体视为一个整体，从全局谋划、整体协调，推进工程安全与进度的统筹管理，实现"两个计划"从制定、实施、评价全过程的协调一致，提高工程建设质效。主动管理理念。引入卓越绩效"重视过程与关注结果""学习、改进与创新"理念，发挥人的主观能动性，基于对工程建设安全管理现状及安全事故规律的分析，加强数字技术应用，采取降风险、消隐患、控过程、抓应急的预防性措施，提前预判事故诱因，斩断事故链条，降低安全事故发生概率。加强多专业协同管理，重点关注项目前期、工程开工、电土交接、启动调试等关键环节，统筹思考进度节点与安全风险结合点，主动推进基建专业进度与安全管理融合。

2. 明确"两个计划"融合管理目标

应用系统管理、主动管理理念，坚持目标导向与问题导向相结合。在工

作机制方面，强化"两个计划"融合管控，细化管理颗粒度，以进度计划促进风险计划精准管控，以风险计划支撑进度计划刚性执行，进一步统筹好"进度与安全"关系，推动国家电网基建"六精四化"管理要求落实落细，稳步提高专业管理与工程建设能力，全面推进"价值更高、手段更新、质量更优"的高质量建设。在考核评价方面，改变工程进度和作业风险双轨制考核模式，推进"两个计划"融合管理，强化多方协同评价，制定一项全面考核指标，融合风险精益管控率、年度计划执行准确率等关键绩效。在工作成效方面，通过多层面管理能力提升，积极应对江苏工程建设规模快速增长带来的挑战，在确保工程安全稳定建设前提下，全力保障重点工程有序建设，保障电力供应，为国家建设新型能源体系、确保能源安全的战略部署贡献电网力量。

3. 制定"两个计划"融合管理实施路径

以高质量贯彻能源电力保供决策部署、落实国网基建"六精四化"管理要求、推动基建进度管理与安全管理互促共进的目标为引领，引入系统管理、主动管理理念，开展"两个计划"融合管理实践。强化顶层设计，建立"外协同+内融合"基建管理组织体系，制定进度和安全相融合的管理制度，构建"年规划、月梳理、周管控、日执行、后评价"闭环管控机制与"年、月、周、日"例会机制，健全基建管理体系。强化"两个计划"过程融合，在项目前期提前谋划进度计划和高风险作业，明确工程各阶段合理工期，在工程建设阶段，计算单条与工程整体的风险处置时间，推进"两个计划"的融合编制与各类资源要素配置，实行颗粒度精益管控。强化主动式安全管理，围绕降风险、消隐患、控过程、抓应急，建立"一看三查四预判"机制，深化值班管控、安全督查、精益对接，有序推进进度计划和风险计划的刚性执行。强化技术与文化支撑，深化数字平台与新型施工技术应用，策划"党建+电网建设"工程，强化安全文化建设，做好基建管理资源保障，彰显基建专业品牌形象。

工程进度和作业风险"两个计划"融合管理思路如图1所示。

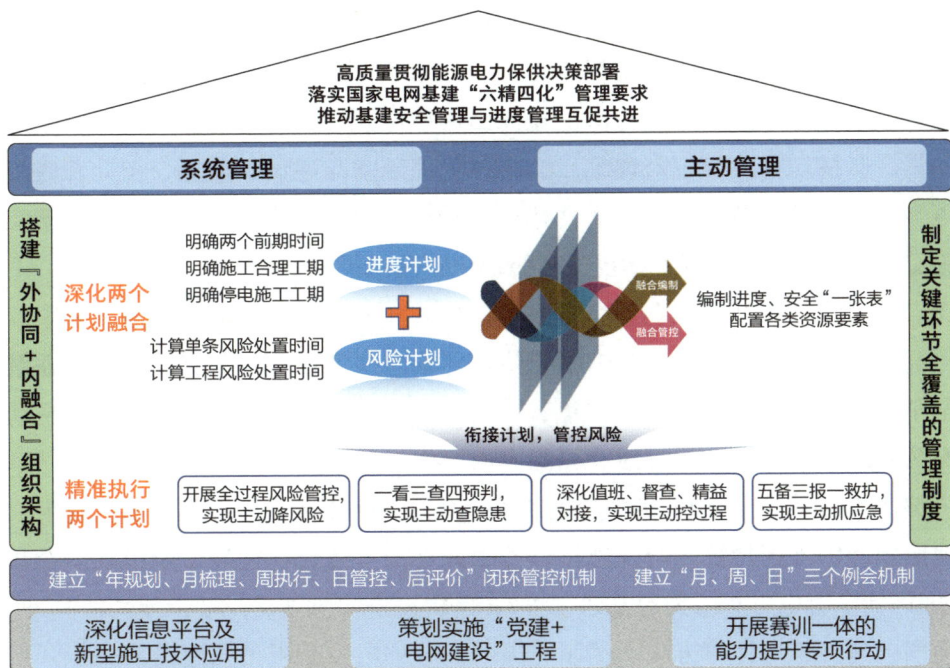

图1 工程进度和作业风险"两个计划"融合管理思路图

（二）强化顶层设计，建立健全电网基建管理体系

1. 搭建"外协同+内融合"的组织架构

坚持"系统管理"理念，建立"基建专业与其他专业外协同、基建专业内融合"的基建管理组织架构，充分发挥各方优势，提升基建精益化管理水平。基建专业与其他专业外协同。协同发展专业，打通规划、设计、建设等环节，强化项目前期与工程前期融合。协同生产专业，做好人员、安措等要素对接，做好交圈地带安全防控。协同物资专业，按月排定物资计划，跟踪厂家生产进度，保障物资稳定供应。协同调度专业，科学安排停电施工工期，降低电网运行风险。协同安监专业，与安全管控中心联动开展风险的检查。协同科数、党建、人资等综合性部门，深化施工技术与装备研发应用，强化安全文化建设，提升教育培训水平，优质高效完成建设任务。基建专业内融合。立足安质处（基建管控中心）职能定位，融合计划处业务，开展进度计划和风险计划的融合管控，安全有序完成建设任务；融合技术处业务，

深化机械化施工与创新工法应用，主动压降风险；融合技经处业务，依法合规列支和使用安措费用、工程定额，为计划执行提供资金保障；融合综合处业务，大力开展人员培训与队伍建设，跨单位开展人才培养，增强现场施工力量。坚持"主动管理"理念，推进各管理处室与建设、监理、设计、施工等参建单位的融合，开展"两个计划"的精准填报、执行与评价，严格落实施工安全强制措施，提升建设安全精益化管理水平。

2. 制定关键环节全覆盖的管理制度

依托系统、协同、融合的组织体系，聚焦关键环节、关键要点，建立健全基建管理制度体系，为精益化、标准化开展"两个计划"融合管控与主动安全管理提供指导。计划融合编制方面，发挥基建专业内融合组织优势，牵头编制《35千伏～750千伏输变电工程合理工期管理导则》，根据工程规模、地形地质的不同特征，明确施工合理工期标准。强化与调控专业协同，发布《国网江苏省电力有限公司基建工程220千伏设备停电施工工期指导文件》，明确停电施工工期计算方法。编制《国网江苏省电力有限公司建设部关于开展进度计划和风险计划融合管控工作的通知》，推进"两个计划"融合管控，强化与停电计划、物资、政处等工作协同管控，提升计划可行性。计划精准执行方面，协同发展、物资等专业，发布《国网江苏电力有限公司建设部关于发布输变电工程全过程安全风险管控工作方案（试行）的通知》，明确项目前期、工程前期、招投标、工程建设等阶段风险管控要点。依托基建管控中心，制定《基建管控中心值班平台工作手册》《国网江苏省电力有限公司基建安全远程督查标准化手册》《国网江苏省电力有限公司基建安全现场督查标准化手册》，明确风险值班与安全督查工作要点。协同生产专业，印发《国网江苏省电力有限公司建设部关于印发进一步提升改扩建工程精益化管理指导意见的通知》，做好交圈地带的安全防控，有效保障"两个计划"刚性执行。

3. 健全闭环管理的工作机制

为解决以往工程建设中进度计划和安全风险融合不足的问题，强化"两个计划"管控，建立"年规划、月梳理、周管控、日执行、后评价"闭环管控机制。每年初编排年度进度计划，梳理二级作业风险，分析全年安全形势。每月组织填报进度计划与作业风险计划，细化计划颗粒度，审核"两个计划"的符合性、准确性，为后期执行与核实提供依据。每周审核月度计划是否可行，逐级审核计划调整情况，进一步确定下周建设任务及作业风险。每日监督现场作业，应用"e基建"平台，核实风险作业票是否开具齐全，监督安全强制措施落实。每月末，根据每日风险计划执行结果，全面梳理"两个计划"执行情况，详细排查提前实施、延迟实施、无计划实施、有计划未实施等情况，逐项了解作业风险未按计划执行的原因，有针对性地制定下一步提升措施。为主动作为，总结提升，建立"年、月、周、日"例会机制。优化电网风险与作业风险管控机制，每年召开年度计划和作业风险协调会，确定年度建设任务及安全形势；每月对在建工程"两个计划"执行准确率和安全违章情况开展统计分析，侧重于定期总结分析和管理纠偏；每周召开风险评审例会，逐项摸清风险施工环境、技术方案及管控措施，侧重于精准掌握计划和技术支撑；每日召开风险值班例会，排查当日作业的开票、计划变更和安措执行情况，侧重于计划执行的检查确认和监督指导。

（三）注重协同管控，推进"两个计划"融合式管理

1. 明确工程合理工期

全局谋划、整体协调，优化实施各阶段工期管控。细化"两个前期"时间。对外协同发展专业，对内融合设计单位，坚持紧在前、抢在前、谋划在前，做深做细可研和初步设计、施工图设计等前期工作，预留充足施工建设时间。明确施工合理工期。以"事项模块化、工期拼接化"为进度管控目标，以满足安全、质量、进度、技术等一般基建管理条件为导向，实施调研分析与综合测算，综合考虑工程规模、地域特点、地形条件等内外部因素，以计算代替主观赋值，利用网络图、参照"基准+上下浮动"机制，计算出浮动区间表示工程建设合理工期，明确了常规变电站工程、地下变电站工程、架空线路工程、明开隧道工程、暗挖隧道工程、盾构隧道工程、电缆线路工程、综合管廊工程八大类工程的合理工期，为进度计划编制提供指导。与以往工期制定方法相比，合理工期更加精益化、科学化、弹性化。统筹停电施工工期。借助与调度专业的外协同机制，结合停电施工类型、电网风险等级等因素，排定合理停电施工工期，编制停电实施方案并开展专题论证，通过采取减少跨越档所在耐张段长度、优化线路走向、合理选择杆塔位置等措施，缩短停电施工工期，降低电网运行风险。

2. 计算风险处置时间

提升管控精益化水平，借鉴施工合理工期导则编制思路，综合考虑各类风险因素特性、风险处置要素配置，建立风险处置时间计算方法，明确单条风险、工程的标准风险处置时间。单条风险标准处置时间计算方面，结合历史数据、周边环境与最新工作要求，分析各类作业工法、施工机械类型与数量、人员能力与数量配置等因素的影响权重，计算每条风险处置的最小时间、最大时间与一般时间，形成单条风险处置时间区间，为制定计划提供依据。工程总体风险处置时间计算方面，分析工程进度计划和作业工序，按工序计算每条风险处置的最小、最大与一般时间，综合考虑工序间间隔时间，将单条风险处置时间区间按照作业工序叠加，形成在不同资源配置条件下的整个工序处置时间区间，提升工程进度计划执行的合理性，便于计划的刚性执行。

3. 编制融合管控计划

应用系统管理理念，统筹工程合理工期及全过程风险管控要求，合理编制工程进度与作业风险管控计划，动态分析与调整计划，实现进度刚性执行与风险精益管控。加强工程"两个前期"管理，在项目前期、工程前期，合理制定工程开工投产计划，有序推进项目可研、初设、核准等前期工作，及时办理环评、水保等依法合规手续，为工程建设留足空间；组织风险评估专家参与工程前期，有序压降施工作业风险，为作业风险安全实施创造条件。明确融合编制原则。在编排进度时，充分考虑作业风险分布，合理优化建设时序，尽量减少或降低风险。在梳理作业风险时，充分考虑进度计划客观需求，高标准制定技术方案和管控措施，加大作业和管理力量投入，提升机械化水平，以安全风险有效管控支撑进度刚性执行。编制进度、安全"一张表"。发挥计划、安质协同优势，将工序作为进度计划、安全计划融合的第一标段，梳理工程的作业内容、作业工期、风险部位、预控措施、风险处置时间等标段内容，形成进度与安全融合管控计划表。应用"e基建"平台，自动分析各工程、工序风险处置时间与施工工期之间的矛盾点，通过数字化管理工具提升计划排布的合理性。

4. 配置各类资源要素

结合融合管控计划，通盘考虑人机料投入，协调各参建单位，细化进度与安全融合管控计划颗粒度，将每项三级及以上作业风险单独制订作业计划，匹配相应的图纸、人员、机具、物资等资源。图纸资源配置。协同设计单位，加强初勘复测，确保施工图、设计方案与现场的一致性；推动提前介入，提升施工图设计深度；严格时间要求，保证不发生因图纸进度滞后影响工程开工的情况。人员资源配置。梳理每条计划的责任单位与角色分工，细化作业计划的人员数量配置，明确项目总监、作业层班组骨干能力要求，确保每个现场都有"明白人"。机具资源配置。组织施工单位科学合理安排施工力量投入，配置数量充足的相应机具，确保机械设备未超过设备使用年限，且经过完善的维修保养，不超负荷使用机具。物资资源配置。明确每条作业所需的各类物资，提前与物资部门协同安排物资需求计划、供应计划、运输计划，与运检专业确认物资进场计划，确保物资及时到位，保障"两个计划"有序实施。

（四）精准衔接计划，实施"两类风险"主动式管理

1. 开展全过程风险管控，实现主动降风险

围绕两个前期、建设过程、总结评价三个阶段，对输变电工程建设实施可能存在的风险开展评估预判、全面压降、明确职责、落实措施、考核评价等，确保输变电工程安全风险全面受控。两个前期阶段，深度参与可行性研究技术方案论证和投资估算审核，参与现场选址选线，对后续实施过程中可能遇到的风险进行全面评估，向发展部门及时反馈，规避特殊地形、复杂地质，减少"三跨"、临近带电体作业，有效压降施工作业风险。切实发挥设计"龙头"作用，做精初步设计、做细施工图设计，编制安全风险专篇，明确重要风险及其管控措施，提出机械化施工方法。建设过程阶段，通过应用创新工法、机械化施工、智能化手段，合理优化工序，增加人员配置，严格临近带电作业风险管控，有效压降风险、确保施工安全。以白杨变电站线路工程为例，该工程要完成立塔47基、拆塔56基、架线14千米，跨越宁启铁路、启扬高速4处，高风险密集，通过组织多专业反复研讨，根据工程量和通道情况反复优化组织施工，细化停电方案，应用无人机牵张放线、吊车组立铁塔等方法，配置充足人员（高峰时达300人以上），实现风险大幅压降，推动工程工期由100多天压缩至56天。总结评价阶段，开展三级评价，系统分析全过程风险管控过程中存在的问题短板，通过合同考核、点评评比、通报奖励等

方式，将问题改进举措反馈至相应环节，促进全过程风险管控率指标持续提升，实现"两个计划"的闭环管理。

2. 建立"一看三查四预判"机制，实现主动查隐患

立足基建管控中心角色定位，建立"一看三查四预判"安全隐患预判方法，提前提醒、干预，主动斩断事故链条。"一看"即看图纸，研究设计图纸（方案），梳理施工过程中的重难点，重点关注特殊技术、条件和可能被忽略的风险问题，如三跨作业要注意感应电和智能牵张放线。"三查"即查方案、风险、班组，利用主要风险作业底数一本账，制定管控方案，与施工方的方案进行对比，审查方案中可能存在的不足之处，重点关注与提醒。"四预判"即将自己"放"在施工方的角度思考问题，预判在施工过程中"人为"的主观风险因素，哪些会偷干、哪些会盲干、哪些会蛮干、哪些会错干，如分析作业班组站班会天数是否合理、定位是否开启。依托基建管控中心，动态获取要素信息、跟踪变化情况、判断稳定状态，对各类风险进行主动管控。

3. 深化值班管控、安全督查、精益对接，实现主动控过程

完善值班管控体系。制定基建管控中心值班平台工作清单，明确每日例会、风险梳理、视频巡视、跟踪管控等八项重点工作及具体要求，强化在施工程安全风险管控，每周梳理安全管理情况，每日跟踪检查，做到周排查、日管控。优化"远程+现场"检查督察机制。从视频巡视、远程督查两方面出发，细化检查流程、检查方法、检查要求、检查内容，编制远程督查要点大纲，明确变电工程、线路工程等六大类38项检查要点，推动系统化、标准化开展基建安全远程督查，提升督查质效。编制涵盖五维33项的现场督查要点大纲，按照"制定检查计划–全线/全站巡查–判断总体形势–跟踪整改闭环"的检查流程，开展现场督查，重点开展无票无计划、高处作业失去保护等安全强制措施专项安全督查。同时，协同安全管控中心，强化三级及以上作业风险、电网五级风险安全检查，主动、超前发现问题并督促整改，落实严重问题考核机制。以八个精益对接做实交圈地带安全防控。与生产运维单位开展分层级、分阶段精益对接，围绕项目开工准备、施工作业、验收整改三个阶段，针对"人员、勘察、'三措'、交底、安措、监管、验收、评估"等八个关键作业环节，明确对接时间、工作内容、对接形式、对接要求等事项，切实抓牢现场核心要素，充分发挥建管单位统筹协调作用、监理单位全过程

管控作用、施工单位精益化管控作用，形成一套系统全面的交圈地带业务风险管控精益对接机制。

4. 构建"五备三报一救护"应急机制，实现主动抓应急

为有效应对工程建设过程中的突发事件，围绕应急准备、响应、处置全流程，优化完善"五备三报一救护"应急处置机制，融合预防、减轻、控制和消除等多种应急手段，有力保障人身生命财产安全。应急五备。从准备车辆、医院报备、备齐物资、演练预备、备知政府五个方面着手，固化突发事件应急准备事项。准备车辆重点关注车辆停放位置、备件准备、驾驶员培训等，医院报备主要是与属地定点联络医院保持常态联系，备齐物资需加强应急物资储备网络建设，演练预备应桌面推演和实战演练相结合，备知政府重点加强各应急管理部门的联络。应急三报。突发事件发生后，及时通报全员、通知司机、报告上级，快速响应应急需求。报告程序指要通过电话、传真、邮件、短信息等形式，告知司机、施工项目经理、上级单位等；报告内容需说明事发单位、时间、地点、基本经过、初步了解伤亡情况等概要信息；报告要求明确了报送信息时效性、准确性等。应急救护。按照应急响应分级情况，组织相关人员立即到岗到位，利用4G/5G移动视频、应急通信车、各类卫星设备等手段强化指挥沟通，有序开展现场管控、紧急处置、医疗救护、现场检测评估、对外协调、后勤保障、生产恢复、善后处理等应急工作。

（五）优化资源保障，赋能基建管理升级

1. 深化信息平台及新型施工技术应用

主动开展技术创新应用，以"机械化换人、智能化减人"为目标，稳步推进数字化建设，赋能基建管理转型升级。完善管理系统与平台。完善智慧建管系统及配套移动应用功能（如开发环保模块功能），实现基建各管理系统数据贯通、业务联动，辅助管理决策。开发输变电工程关键节点流程管控平台，细化进度管理颗粒，跟踪流程节点，完善"进度滞后关键节点"预警纠偏功能。推进智慧工地建设。以服务工程建设、服务现场人员为目的，加大资源投入，开展无人机督查、施工状态监测试点应用，打造经济轻便、实用好用、扩展方便的智慧工地应用，实现基建数据一次录入、共享共用，提升工程现场智能化水平。深化创新工法研究应用与机械化专项提升。推广应用

GIS-X光异物探伤、人员智能识别、线路机械臂测参、非接触验电、无人机携牵引绳入滑车、电缆接头施工环境保证、无人机立体督查作业等创新工法，开展机械化施工考核评价，推进系统内施工单位开展机械化班组建设，持续提升工程建设效率与安全水平。

2. 策划实施"党建+电网建设"工程

高举党建领航旗帜，认真开展"党建+"工程系列工作，在工程现场创新实施临时党支部、党员责任区建设、特色党建活动等举措，强化党建引领，提升工程建设能力。建立临时党支部。在为期6个月以上的基建工程现场成立临时党支部，把主业、监理、施工等单位的党员纳入支部管理，构建电网建设坚强战斗堡垒。创建党员责任区与示范岗。以党员固定岗位或一定区域为活动范围，以党员责任制、党员承诺等为落地载体，引导党员"向我看、跟我干、让我来"，实现工程安全、优质、经济、绿色、高效建设。开展特色党员活动。创新组织党员身边无违章、优秀党员传帮带等党建活动，党员带头开展"三亮三比"活动，积极挖掘身边感人事迹和先进人物，强化先进事迹宣传教育，展现工程建设成果和工程建设者风采，充分发挥一线党员示范引领作用。吸取近年来安全事故教训，组织各级管理人员赴现场一线开展安全教育培训，学习、分析、讨论安全事故案例，杜绝违章事故再次发生。

3. 开展赛训一体的能力提升专项行动

依托省送培训基地，面向安全质量管理人员、作业层班组骨干、质检员、技术员、测工等人员，采取"培训+竞赛"形式，系统性提升基建管理人员综合实力，为工程建设提供有力人才支撑。以培促学重实用。建立以技能评价、安全实训、单元制技能培训、电力施工专业培训、施工专业新员工培训为主的业务培训课程体系，设置面向安全实训和架空线路、变电一次安装、变电二次安装、土建施工、电气试验、继电保护等专业的44个实操项目，探索"菜单式"定向培训培养方式，累计培训7823人次，切实提升了基建相关人员的管理、技能水平。以赛促培强素质。坚持理论、实操并重，聚焦电网应急、施工建设、违章管理等重要领域，不定期开展能力比武竞赛，理论部分重点考察基础知识与综合知识掌握情况，实操部分着重考验成员临场处置能力、技能熟悉度等，强化员工队伍建设，提升工程现场快速响应和高效处置能力。

三、基于"两个计划"的工程进度和作业风险融合管理的效果

（一）改进管理效率，提高建设质量

通过统筹管理"进度与安全"，"精益求精抓安全""精准管控促进度"管理理念深化落实，进度计划和风险计划的可行性、准确性稳步提升，计划实施准确率稳步提升至83.6%，高标准建成500千伏凤城—梅里线路等迎峰度夏工程，电力保供基础不断夯实。实施全过程风险管控，在两个前期、建设施工等阶段全力压降风险，保障了110项二级作业风险、5581项三级作业风险的安全实施。严格落实违章通报、计分、约谈工作流程，加大远程及"四不两直"安全督查力度，累计督查979次，发现并治理违章1405项。深入推进机械化施工，推广应用全方位防坠落装置，推动吊车组塔、可视化智能牵张设备等新型施工技术设备，年度施工机械化率达91%。

（二）实行精益管控，提升投资效益

通过创新基建管理模式，推进进度计划与安全计划管理互促共进，实现年度计划执行准确率、风险精益管控率、机械化施工率等管理指标持续提升，推动专业管理与工程建设能力显著增强，支撑各项建设任务顺利完成，保障电力安全稳定供应，2022年完成35千伏及以上投资213.71亿元，投产白江特高压等35千伏及以上工程282项，线路长度4959.74千米，变电容量4085.45万千伏安。强化计划分级管控，加强对工程项目的分类管理，按期推进长期挂账、超期尾工、"三清理两提高"等工程清理，促进增资83亿元，盘活存量资产667项，助力公司提质增效。通过高质量开展电网工程建设，持续优化电网结构，推动公司核心经营指标提升，2022年，江苏全年全网最大负荷86天过亿，最高1.31亿千瓦，全社会用电量7399.5亿千瓦时，同比增长4.2%。售电量6461.2亿千瓦时，同比增长4.3%。营业收入4181亿元，同比增长15.3%，利润60亿元，资产总额3344亿元。全年发展总投入465亿元，固定资产投资429亿元。

（三）强化基建实力，彰显品牌形象

通过"两个计划"融合管理，有效管控建设风险，稳步提高专业管理与工程建设能力，推动工程高质量建设，为助力能源电力保供、新型能源体系建设奠定了坚实基础。国网江苏电力获评"中电联电力建设质量先进企业"，白江线等3项工程获中电建协绿色建造星级项目（白江线获中施企协绿色建造三星项目），徐州歌丰变电站、南京桥林变电站获国家电网优质工程金银奖，凤城—梅里500千伏线路、南通兄弟110千伏变电站等5项工程获得国家电网有

限公司标杆工地。白鹤滩—江苏竣工投产专题宣传全网点击量2.3亿次，实现网络媒体刷屏置顶上热搜，赢得社会各界广泛赞誉。虞城换流站及配套工程所有主设备均一次带电成功，顺利投运，得到了时任江苏省委书记吴政隆，国家电网有限公司董事长辛保安、副总经理潘敬东的高度评价和国网江苏电力党委的通报表扬。通过创新基建管理模式，带动队伍能力显著提升，基建专业新增1名国家电网首席专家，5名省公司二、三级专家，获省部级及以上集体荣誉14个，个人荣誉18个，多名员工获得职工技术创新二三等奖、淮海科学技术奖等。推进数字化建设，开展新型电力系统建设关键技术创新探索和科技攻关，完成基建数字化蓝图设计，完成智慧建管系统的建设开发和推广应用，深入推进智慧工地建设，两项工程获得2022年电力建设工程智慧工地管理成果一等奖，注浆式螺旋桩施工技术获日内瓦国际发明展金奖、电力建设科学技术进步奖三等奖，海相软土地区输电工程地基处理与基础加固关键技术及应用获设备管理与技术创新成果一等奖、电力科技创新奖二等奖。

7

以服务新型电力系统建设为核心的韧性供应链管理体系建设

创作单位（部门）：国网江苏省电力有限公司物资分公司

主创人：代　鹏、李金霞

参与创造人：温富国、余建新、沈　键、卞华星、周晓宇、
　　　　　　冯曙明、程力涵、黄　燕、倪　娟、蒋劲雨

荣获表彰：国网江苏省电力有限公司2023年度管理创新优秀
　　　　　成果一等奖

[摘要] 国网江苏省电力有限公司物资分公司主动适应新型电力系统建设发展趋势，以复杂系统理论为指导，以增强供应链系统"敏捷性"和"鲁棒性"为重点，明确"三层四维"建设路径，开展韧性供应链管理体系建设。战略层融入"韧性"思维，设置服务于新型电力系统建设的"资源保障、敏捷响应、安全可控、持续发展"四个目标。在运营层，重点开展四个方面的工作：强化物资通用替代，优化资源统筹调配，科学开展集中储备，提升资源保障能力；强化供需精准协同，深化数智协同创新，固化应急供应网络，提升敏捷响应合力；优化内部流程监控，强化履约风险防控，深化供需协同稳链，提升安全防范功力；开展供应商对标管理，强化设备质量管控，引领推动产业链供应链绿色转型，提升持续发展动力。在技术层，深化云大物移智等新一代信息技术与管理、业务深度融合，提升供应链的能见度，支撑数智化管理。同时，建立组织架构、人才队伍和数据治理"三位一体"保障体系，推动韧性供应链管理体系建设顺利实施。项目实施以来，供应链韧性明显增强，主网物资供应及时率达到100%，配农网物资供应时效提升54%，有力支撑了省内各级电网的建设与运行；企业经济效益显著提升，库存周转率提升12%，节省库存资金占用超1600万元；产业社会效益持续扩大，减少碳排放近1.57万吨。

国网江苏省电力有限公司物资分公司（简称国网江苏物资公司）组建于2012年8月，按照推进"三集五大"体系深化建设的决策部署，由原江苏省电力公司物流服务中心和原江苏天源招标有限公司成建制合并而成，是国网江苏省电力有限公司（简称国网江苏电力）全资分公司。国网江苏物资公司设置综合管理部、党委党建部、财务资产部3个职能部门，以及供应链运营中心、计划技术部、招标采购部、物资供应部、合同结算部、质量监督部6个业务机构，主要负责承担国网江苏电力招标代理服务和物资计划收集、合同签订、履约、质量管控、费用结算、资金支付等全方位支撑工作。自国网江苏物资公司组建以来，物资采购金额与供应规模逐年增长，物资供应和招标代理各项业绩指标均保持国家电网有限公司系统领先水平，先后荣获"国家电网有限公司物资管理先进集体""江苏省文明单位""江苏省工人先锋号""全国电力行业设备管理工作先进单位"等荣誉称号。

一、以服务新型电力系统建设为核心的韧性供应链管理体系建设的背景

（一）贯彻国家新型电力系统建设战略的根本要求

2021年3月15日，中央财经委员会第九次会议提出构建新型电力系统，为新时代新能源电力发展指明了科学方向。新型电力系统是电力行业技术创新、体制机制创新的具体承载，构建新型电力系统是"十四五"乃至中长期我国电力行业转型发展、高质量发展的核心任务，也是我国实现"双碳"目标的核心抓手之一。随着新型电力系统建设加快推进，电力物资供应链面临需求快速迭代、需求不确定（业扩接入占比持续上升）、时效要求更高、外部环境变化加剧、数字化快速发展、协同关系日益复杂的局面，作为国网江苏

电力物资管理专业支撑单位，国网江苏物资公司需要紧紧围绕新型电力系统发展要求，以加强韧性供应链管理为抓手，持续提升供应链保障能力，支撑江苏新型电力系统高水平建设与运行，确保电力能源安全、可靠供应，为实现"双碳"目标和江苏经济社会发展提供坚强保障。

（二）推动国网绿链建设目标高效落地的客观需要

2022年，国家电网有限公司印发《绿色现代数智供应链发展行动方案》，明确打造协同化、智慧化、精益化、绿色化、国际化的现代供应链的专业发展目标，要求聚焦新型电力系统建设，推动供应链各资源要素优化组合，筑牢电网稳定运行的物质基础，为电力保供和能源转型提供可靠保障，强调深化数字新技术和供应链创新融合，加快推进供应链的数字化、网络化、智能化，拉动和保障产业链、供应链畅通运转，服务安全可靠产品多元替代，提升公司供应链的安全性、稳定性和竞争力。国网江苏电力在国家电网有限公司始终处于排头兵位置，在物资供应体量和管理水平方面也一直处于标杆位置，新时期更要主动落实总部发展战略，在数字赋能、科技创新、管理创新上快速发力，优化供应链资源供给、响应速度、安全管控模式，构建一体化的韧性供应链管理体系，以优质高效的物资采购、质量管控和供应服务，推动国家电网有限公司战略率先在江苏落地。

（三）主动应对供应链专业管理新挑战的必然选择

近年来疫情、自然灾害等外部不可抗力因素，内外部环境变化大幅波动，频繁干扰电网物资正常生产供应秩序，物资供应保障面临严峻挑战。同时，随着新型电力系统建设加快推进，新设备、新技术、新标准大量涌现，电网由封闭系统转变为开放系统，电网企业由专业输变电公司转变为能源集成商，进一步强化了电网供应链的VUCA（V代表波动性，U代表不确定性，C代表复杂性，A代表模糊性）特性，供应链运行日益复杂，供应链的稳定运行更加重要。传统的电力物资供应链运营管理主要面对需求确定性强、技术迭代周期长、供需矛盾不突出的业务场景，尚未建立科学冗余的寻源体系、精准高效的协同能力、实时多维的风险管控体系、良性发展的生态体系，迫切需要通过高度的互联互通、高水平的整合协同，打造具有强健韧性、充分协调的供需网络，构建形成具有强大快速自愈恢复能力的供应链生态，避免极端情况下卡脖子、断链状况。

二、以服务新型电力系统建设为核心的韧性供应链管理体系建设的主要做法

（一）提出"三层四维"韧性供应链管理体系建设路线

1. 明确战略目标，构建一体化的韧性供应链管理体系

国网江苏物资公司主动融入国家政策部署和企业转型发展的大局，以国家电网有限公司供应链战略目标为指引，立足物资专业管理实际，明确韧性供应链管理体系建设目标：依托数字化手段，进一步统筹资源，科学提升冗余能力，强化供应链内外部协同，增强敏捷响应能力，打造立体风险防控体系，主动提升安全水平，建设可持续发展供应链生态，构建以"资源保障、敏捷响应、安全可控、持续发展"为目标的韧性供应链管理体系，以优质高效的物资采购、质量管控和供应服务，更好的服务公司战略落地，助力新型电力系统建设高质量发展。

2. 确立总体思路，设计韧性供应链管理体系实施路线

国网江苏物资公司在充分借鉴国内外先进供应链理论实践的基础上，对华为、阿里、京东等知名企业的现代供应链建设情况进行调研，制定了包含战略、运营和技术三个层次的韧性供应链管理体系架构。战略层融入"韧性"思维，设置服务于新型电力系统建设的四个目标，即资源保障、敏捷响应、安全可控、持续发展。在运营层，聚焦"敏捷性管理"和"鲁棒性管理"提升"四力"，即资源保障能力、敏捷响应合力、安全防范功力、持续发展动力。在技术层，深化云大物移智等新一代信息技术与管理、业务深度融合，提升供应链的能见度，探索应用先进的预测、决策与模拟方法，支撑数智化管理。同时，通过优化组织和人员以及数据治理等保障环境，推动韧性供应链管理体系建设顺利实施。

综上，国网江苏物资公司形成了以主动适应新型电力系统建设需要为主

线，以"敏捷性"和"鲁棒性"为重点，以数智化为手段，以"资源保障、敏捷响应、安全防范、持续发展"四项提升为目标的韧性供应链管理体系建设路线，并同步建立"三位一体"的多维保障体系，支撑建设顺利推进。

"三层四维"韧性供应链管理体系框架如图1所示。

图1 "三层四维"韧性供应链管理体系框架

（二）打造供应链多重寻源网络，提升资源保障能力

通过系统性的增强资源冗余能力，主要包括强化物资通用替代，优化资源统筹调配，解偶防范断链风险等措施，实现供应链运营成本和资源保障之间的最佳平衡。

1. 深化标准建设，强化物资通用替代

统一编码行业标准。积极参与总部物资编码行业标准建设，以电力电缆为切入点，设计行业统一的编码解决方案，自上而下搭建编码体系，实现全链路编码协同，建立物资通用语言，提升数据、信息协同质效，增强更大范围物资管理和调度能力。强化标准物料应用。运用大数据开展设备通用性、集中度、个性需求分析，保留通用标准物料和特殊环境使用物料，物料标准化率保持在99%以上，处于国家电网有限公司领先位置，积极推进新型电力系

统所需的智能化设备纳入采购目录，做到变与不变的有机统筹。建立物资替代目录。协同设备专业，共同制定物料替代目录，提升物资的互换性，当面对突发性需求时，可以提供单一物料之外的更多选择，提升需求响应能力。

2. 拓展资源范围，优化全域统筹调配

拓展统筹调配资源范围。建立"实物–订单–协议库存合同–采购"四级资源协同调配机制，实现对需求的快速准确响应。在细化仓位管理的基础上，利用视觉识别技术，动态组织各仓库盘点，确保实物资源可视、可查、可调。创新工作机制，量化评估订单可利用性，制定在途订单利库策略及方案，实现对订单资源的统筹调配。将35千伏以上输变电工程物资纳入协议库存范畴，开辟重大工程协议库存执行绿色通道，随用随匹。构建大数据模型，实现对物资小类级别需求智能预测，动态评估供应协议库存资源可用性，实现与采购计划的联动。提升资源统筹调配质效。依托供应链运营平台，创新打造物力资源云平台模块，汇聚注册库库存物资、合同已签订未交付物资、协议库存可用份额等8类物力资源信息，实现全域资源一键查询和调配方案制定的秒级响应。

3. 科学集中储备，主动应对供应短缺

集中储备主动应对供应波动。建立省市两级集中储备体系，有效应对供应商直供带来的供应不确定性，在保证需求快速响应的同时，实现成本最优。结合物资入库抽检覆盖范围广、抽检周期长的特点，优化应用准时供应（JIT）模式，构建由省公司统一管理的供应商寄存物资资源池，建立智能补库模型，智能管控，解耦供需，实现随用随领。在全省范围内常态化储备业扩物资，联合设备、营销专业制定业扩配套工程物资储备目录，明确供应机制，统筹项目需求和库存库容，合理制定储备定额，做到动态调整、及时补库，满足业扩配套项目物资需求。科学储备平衡供应保障与成本最优。结合电网建设运行物资需求峰谷变化大的特点，根据供应周期和仓储、检测制约因素，制定削峰填谷供应策略，在波谷时段，优先储备合格率低的供应商产品，提前检测、提前储备，预留充足的供应商整改时间，在波峰时段，优先储备合格率高的供应商产品，保证供应。

寄存物资智能补库模型如图2所示。

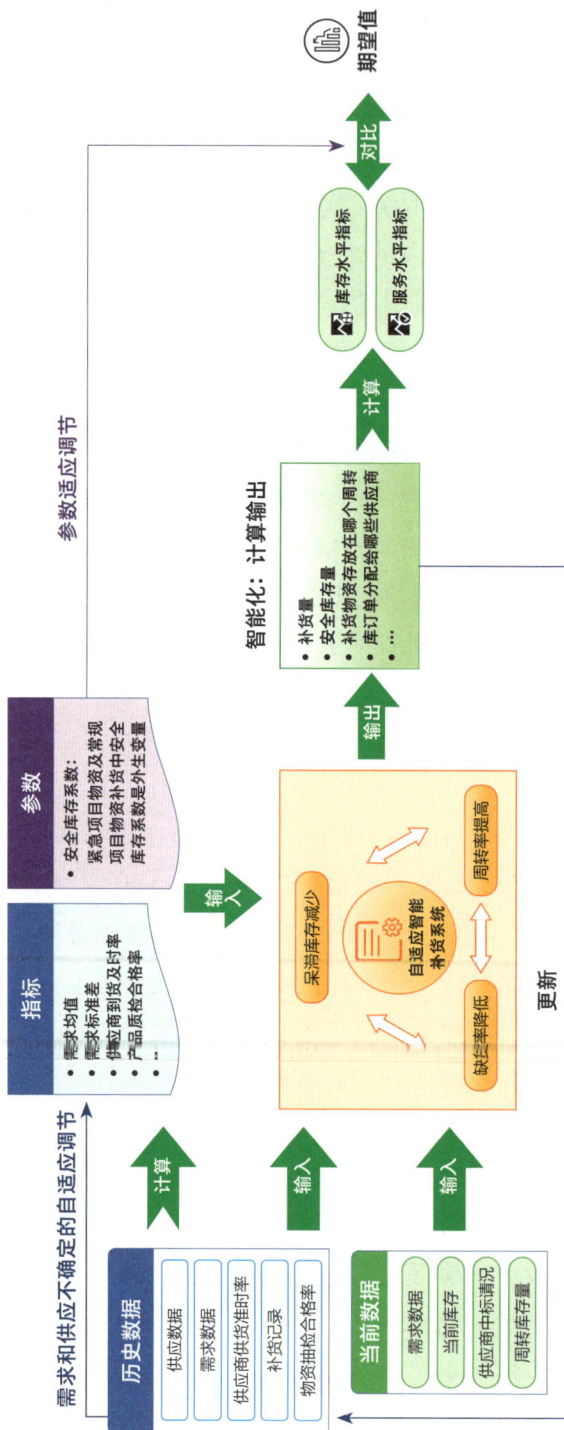

图 2　寄存物资智能补库模型

（三）创新供应链协同运营模式，提升敏捷响应合力

按照精益生产（lean）理念，在对资源可视化管理的基础上，与基建、设备、安监等专业部门主动对接，推动跨专业数据互通，强化业务协同，深化数智协同创新，固化应急供应网络，平战结合，实现敏捷响应。

1. 强化业务协同，实现精准供应

打造业务看板。加强与发展、建设、设备、营销等专业部门协同，量化制定物资需求计划、物资补库计划等12类计划，打造全面业务看板，固化交付成果时效内容，严格管控变更，实现物资供应准确高效和供应链运营成本间的最佳平衡。需求侧需求准确。改变配农网物资以往依靠经验预测为主的需求提报方式，将项目管理系统与物资系统直接贯通，根据项目物料清单自动生成准确的物资需求，需-供-领全流程可溯，降低"牛鞭效应"。供给侧交付透明。利用电工装备平台（EIP）和供应商统一服务平台，建立数据接口，供应商实时反馈生产、成品、发运生产过程信息，物流信息在线追踪，状态变化可视透明。全链条高效协同。建立服务重大项目柔性团队，计划、招标、供应等各部门骨干共同参加，形成协同合力，积极与发展、营销部门对接沟通，从项目前期、可研环节就主动参与，建立供应导期，强化节拍协同，主动提醒、主动协调，做到同频共振、步调一致。

2. 深化数智协同，提升响应时效

重点推进业务在线化、自动化、智能化，提升协同时效、质量，赋能精准快速响应。在线化方面，持续迭代供应商一次不用跑、无纸化办公、跨专业协同等业务场景建设，推动全链业务线上办、云上办，供应链主流程业务在线率达到100%，实现供应链各参与方的数字连接，有效提升业务效率，降低管理成本。利用即时互动技术，图纸交付、技术交底、履约催交等业务在线沟通，实现信息实时互通，全程业务可溯，强化可信协同。自动化方面，上线11个数字机器人（RPA）应用，将重复、繁杂的工作交给机器人执行，实现日常任务高效自动化执行，提升协同时效。根据供应商诉求，自动推送招标采购信息、资金支付信息，提升供应商业务安排、资金利用主动性。智能化方面，综合运用大数据分析、现代数模理论和人工智能技术，在预测、计划、采购、执行等业务环节，构建了计划智能评审等十个智能模型，支撑

业务科学精准决策，提升协同质量。

3. 固化应急协同，保障快速恢复

平时保障，战时应急。国网江苏物资公司建立应急组织体系，打造数智化协同网络，切实提升极端情况下供应链韧性。建立应急组织体系。建立应急物资供应商名录，形成了覆盖44类物资，220家供应商的应急供应商组织体系。每年组织供应商开展应急协同演练，以实战增强应急意识，强化应急生产组织，提升不同灾害场景下的应急供应能力。打造数智化协同网络。开展历史应急供应经验和数据分析，构建应急策略库，形成基于大数据的应急物资供应方案智能推荐功能。贯通新一代指挥系统与供应链运营系统，根据安监部门灾害预警，预判可能物资需求，与供应商密切协同，提前做好应急物资储备，确保高效供应。应用北斗技术，实时跟踪运输车辆实时轨迹，保证应急物资供应全程可控在控。

（四）构建供应链风险管控体系，提升安全防范功力

通过优化内部流程监控，强化供应商履约风险防控，深化供需协同稳链，提升风险洞察力，快速识别、提前管控、主动应对，有效提升供应链韧性安全水平。

1. 优化内部流程监控，确保规范高效

精准构建监控探针。以端到端视角，聚焦供应链安全保供、可靠运行，开展供应链业务画像，精准设置业务监控点，构建了26个监控探针，明确取数范围、推送对象等要素，灵活设置预警及处置规则。在线推送预警督办。依托数据中台和人工智能算法，实现对招标采购、物资履约、资金支付等业务中存在的异常事件的快速智能识别，实时监控、在线预警，预警信息以工作流待办、APP推送和发送短信等方式，直接推送至相关责任人，快速协同处理。重点问题预警升级。针对重点关注问题，分级在线督办，定期跟踪整改进度，管控整改效果，提升业务监控质效。基于全方位立体的数字化供应链风险监控，梳理供应链风险的数字化经纬和演化路径，推动供应链管理由"结果导向""事后整改"向"过程管控"转变，防范供应延迟和断链风险，实现需求快速响应、资金及时支付、资源有效盘活。

2. 强化履约风险防范，管控断链风险

提前管控潜在供应风险。利用数据中台，与外部天眼查等信息系统贯通，接入供应商涉法、失信数据，构建供应商知识图谱，并基于供应商知识图谱，梳理分析履约风险特征因素，应用特征工程方法，构建基于XGBoost的电力物资供应商履约风险防控模型[1]，对供应商履约风险进行预测，发现潜在供应风险。精准掌握生产异常风险。接入供应商用电量信息，基于供应商用电量与订单等数据关联关系，构建供应商停工预警、产能风险预警模型，对供应商产能异常信息进行预警、督办，提早化解供需矛盾，为业务人员提供精准建议，开展市场研判、替代选择和物资储备。主动应对原材料价格波动风险。跟踪原材料价格信息，研判分析原材料价格波动对供应商备料、生产影响，提前制定保供稳供方案。

3. 深化供需协同稳链，主动应对波动

协同供应商提前制定排产计划。针对电力物资所需要的特殊原材料，如Q420高强度钢管等，根据全年工程建设安排，协同全体铁塔物资供应商，并向前延伸到供应商的供应商，提前制定排产计划，有序组织供应。协同项目单位合理统筹建设计划。在需求过于集中导致供应商的原材料厂家无法及时供应时，适当调整项目建设计划，保证原材料供应能力与物资生产能力匹配，防止短期需求集中，引起原材料市场价格急剧波动而带来的供应商履约交货风险。优化价格联动机制。实时获取有色金属网、我的钢铁网价格信息，优化工作机制，将价格联动周期从一周缩短至当天，确保供应商接单联动价格与市场当期价格一致，防范价格波动风险。

（五）建设供应链良性生态体系，提升持续发展动力

聚焦提升供应链外部生态韧性，开展供应商对标管理，打造透明工厂，强化质量管控，推动全链绿色转型，推动产业链供应链可持续发展。

1. 源头好中选优，筑牢发展保障线

优化供应商多维评价。全面归集供应商资质能力、制造质量、履约服

---

[1] XGBoost 是一种机器学习算法，可以用于预测和分类问题，电力物资供应商履约风险防控模型则是使用 XGBoost 算法来建立的一种预测模型，用于评估电力物资供应商在履约方面的风险。

务、运行绩效等数据，打造供应商全息数字库，开展供应商精准"画像"，优化供应商选择评价标准，更加注重技术实力水平、质量服务提升和长期安全可靠运行，从源头确保采购设备质量，推动采购从"选设备"向"优选供应商"转变。开展供应商行业对标。协同江苏省电力行业协会，主动对国网江苏电力上游供应商群体开展对标管理，通过应用同一对标指标体系、同一数据计算口径开展同类物资供应商对标排名工作，引导供应商自发性分析指标数据差距，学习标杆企业的先进经验，形成"赶超式"的产业竞争与发展格局，持续强化供货能力、产品质量。推动供应商技术创新。开展供应链情报研究，紧密跟踪新型电力系统新技术、新产品试点应用，发挥超大规模量采购市场优势，推动资源向新技术、新产品和优势企业聚集，在实现重要原材料、重点元器件和"卡脖子"技术国产替代方面取得有效突破，促进新型电力系统装备产业实现跨越式发展。物资类供应商对标指标体系及评价结果如图3所示。

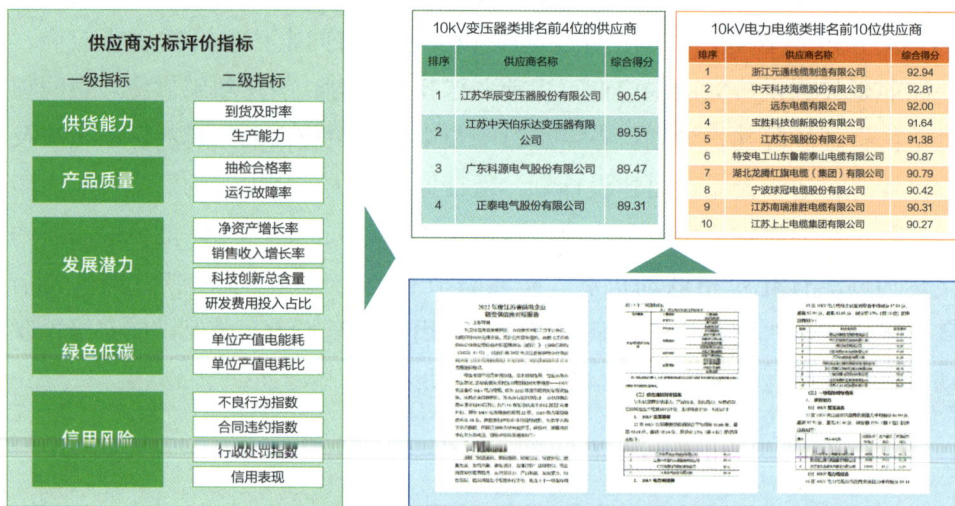

图3　物资类供应商对标指标体系及评价结果

2. 强化质量管控，守好发展生命线

通过物联感知、数据共享、知识共享，与供应商共同提升产品质量，筑牢可持续发展生命线。物联感知产品质量。依托电工装备平台（EIP），全程采集供应商生产试验数据，灵活设置各项参数阈值，做到物资生产质量全过程跟踪、预警。自动采集供应商生产制造过程关键节点数据、实时视频数据

等信息，通过设置生产参数阈值，将制造数据与数据阈值实时比对，对生产过程中出现的质量异常进行实时告警，及时协调供应商进行处理；对告警频率高、试验不合格率高的历史数据项进行统计，在供应商计划排产前生成预警信息，提醒供应商优化生产工序。共享数据分析成果。充分整合建设、运检、安质等部门业务系统中的质量信息数据，以及物资各专业全景产品质量分析数据，制定质量信息交互内容及数据格式，统一取数逻辑，构建大数据分析模型，形成产品质量特征及变化趋势等分析成果与供应商共享，协同供应商从客户视角审查产品质量问题，充分履行主体责任，提升产品质量。共享专家技术经验。针对供应商在产品制造中存在的家族性质量缺陷和依靠自身力量不能解决的问题，如变压器局放超标等，组织技术专家与供应商有针对性地进行研讨，将在生产运维过程中的故障解决经验与供应商共享，推进问题解决，提升良品率。

3. 推进绿色转型，前推发展起跑线

强化绿色标准引领。践行电网全寿命周期节能管理理念，差异化制定设备技术标准，提高设备性能参数、制造工艺及组部件配置技术水平，延长装备运行寿命。研究配网开关柜、变压器、变电成套设备、电缆及电缆附件等低耗能技术规范，推进节能设备应用，优选小型化、智能化、节能型电网设备，减少运行损耗。实施绿色采购。优化绿色采购策略，将高能效、节能环保等绿色低碳要素纳入变压器、开关柜等产品采购评审标准，推进绿色物料优先采购，引导供应商绿色低碳、节能环保水平提升。积极推进高效能变压器、环保气体环网柜、节能导线、高强钢杆塔等节能环保物料采购，加快推动高耗能、高碳排、污染环境等物料退出采购。深化供应商绿色低碳评价结果应用。加强供应商全息多维评价结果与招标采购协同联动，将产品抽检的能耗数据，现场核实中的生产工艺评价、生产排放评价等联动至采购环节。

（六）建立多维度支撑保障体系，提升管理落地效力

国网江苏物资公司结合技术发展趋势，建立组织架构、人才队伍和数据治理"三位一体"保障体系，有效地支撑了技术攻关、难点突破和项目的实施。

1. 健全组织体系，统筹配置资源

国网江苏物资公司在面向新型电力系统的供应链韧性管理体系建设过程

中，面对复杂的外部环境、快速的变革趋势、强烈的内在需求，围绕组织、制度、人才等要素，开展"一把手"工程、组织变革、敏捷型团队建设、全员参与等创新实践，为体系建设提供有力保障。强化目标引领。打造"一核三心"物资服务品牌（"准时化"服务为核心，"管家式"精心服务项目单位，"伙伴式"真心服务供应商，"保姆式"贴心服务评标专家），强化对新型电力系统建设的物资供应保障。"一把手"亲自抓，各部门主动对接上下游，负责推进各专业物资保供工作。加强两级运营中心协同。省市两级供应链运营中心承担顶层设计、总体推进、日常运营职能，省公司供应链运营中心负责体系设计，统筹开展资源优化配置、数智场景建设、集中风险监控及生态体系构建工作，市公司供应链运营中心做好供应链常规业务的运营、韧性策略执行与风险处置协同工作。成立省级工程研究中心。建成首个由江苏省发展改革委批准建设的供应链方向工程研究中心，也是国家电网有限公司物资专业首个省级工程研究中心。中心以提升供应链韧性为首要目标，统筹技术资源，在顶层设计、前沿科技、标准制定、成果转化方面持续发力，打造技术中台，为供应链数字化转型、韧性提升创新赋能。

2. 培养项目队伍，强化人才保障

培育"业务+技术"的复合型项目团队，为推动韧性供应链数字化管理储备人才力量。对内强化人员培训，采用跨部门经验交流、人员轮岗等形式，帮助员工快速掌握多专业知识；对外推进"产学研"合作，与南京大学、东南大学、中国科学院、阿里、京东等数字化、供应链头部产学研机构合作，深度参与电网物资韧性供应链发展重大问题研究论证。项目建设期间，攻关团队按照"OKR（目标–关键交付结果）"的方式进行自我管理，制定短期目标、阶段性目标与最终目标，并滚动更新个人工作目标任务清单，团队负责人对照工作目标和交付成果进行检查考核。注重绩效激励，把绩效管理作为推动业务创新和项目执行力的"驱动力"，绩效考核结果与岗位晋升直接挂钩，加大绩优员工薪资分配倾斜力度，增加优秀员工"曝光率"，提升其在组织中的荣誉感。

3. 开展数据治理，发挥系统效能

绘制数据一张图。全面梳理供应链业务流、数据流，规范和统一全链业务数据定义、描述、属性，归集4类15项要素，结合韧性供应链数字化新要

求，按照"一数一源一标准"的原则，建立"数据字典"，绘制形成数据一张图，实现全量数据资源入图。建立数据模型一个库，根据韧性供应链管理要求，建立高效的监测、预测和决策模型，通过统一数据模型建设、运维、复用管理，提高各层级人员用数效率，实现模型稳定、逻辑一致，支撑快速决策。建立数据治理一本账，建立供应链域数据共享、治理、开放机制，实现跨层级、跨部门、跨领域数据资源高效配置。跟踪督办数据治理工作，实现数据闭环治理，确保供应链域数据可信、可用。

三、以服务新型电力系统建设为核心的韧性供应链管理体系建设的效果

（一）韧性管理水平明显增强

项目成果在国家电网系统内处于领先地位，通过构建韧性供应链管理体系，进一步集成资源，优化配置，聚合动能，提升供应链安全稳定运行水

平。通过关键点和关键链路风险识别，对可能出现的风险早发现、早防范，从技术、机制等方面统筹发力，提前精准做好多类风险的防控，显著提升了整体响应速率和运行绩效。主网物资供应及时率达到100%，配农网物资供应时效提升54%，主流程业务在线率由87.1%提升至100%，异常业务问题发生降至0.68%，消缺及时率由85.3%提升至98%。圆满完成了白鹤滩入苏、重大项目业扩配套工程等多项重点工程的物资供应工作，先后组织完成"7.20"盐城响水风灾等应急物资保障工作，不确定性物资供应及时率100%，有效应对突发、不确定性需求冲击，有力支撑了江苏省内各级电网建设与运行。

（二）企业经济效益显著提升

项目实施以来，供应链运行节流降本，取得了显著的经济效益。库存金额有效压降。通过精准补库、平衡利库、跨地市调拨，注册库库存物资周转率同比提升12%，长期积压（在库时间超360天）库存金额同比下降37%，节省库存资金占用超1600万元。管理成本大幅减少。推动供应链业务在线流转交互，业务线上办、云上办，每年可减少链上企业差旅成本9600万元，纸张、打印等管理成本390万元。

（三）产业社会效益持续扩大

2022年，国网江苏物资公司共完成物资采购430亿元，为电工产业发展提供了强大引擎。发挥绿色采购引领作用，推动供应商节能降碳，减少碳排放近1.57万吨。定期开展产品质量数据分析和供应商对标工作，引导供应商补短板、强弱项，累计帮助11家供应商提升产品质量水平，供应商产品抽检合格率提升至97%。项目建设成果得到国家电网有限公司领导及兄弟单位充分认可，荣获中国物流采购联合会科技进步奖等多个奖项，在新华网、国家电网报等媒体进行宣传报道，为大型企业韧性供应链建设提供了参考。

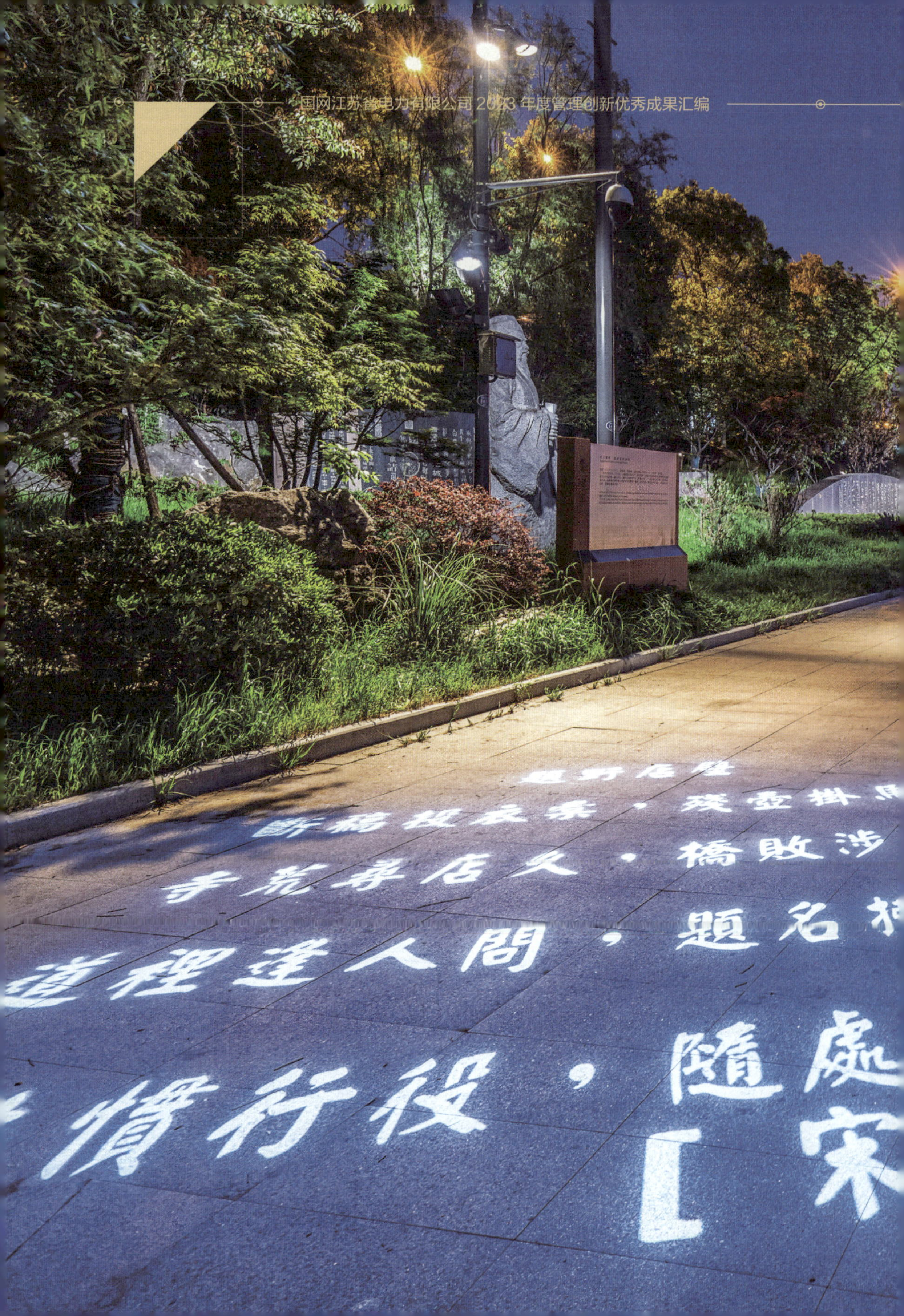
情行役，隨處
【宋

8

服务新型电力系统建设运行的能源电力气象数据管理

创作单位（部门）：国网江苏省电力有限公司数字化部、国网江苏省电力有限公司信息通信分公司

主创人：徐春雷、吴旺东

参与创造人：夏　飞、蒋承伶、汤　铭、谭　晶、何金陵、吴　晨、曹　晖、邓　沙、马洲俊、王鹏飞

荣获表彰：国网江苏省电力有限公司2023年度管理创新优秀成果一等奖

[摘要] 为响应国家"双碳"目标，贯彻落实新时期电网保供要求，适应电力供需不稳定新常态，保障系统安全稳定运行，国网江苏省电力有限公司通过明确能源电力气象数据服务管理体系的目标与总体思路，充分发挥数据价值倍增效应，大力推动气象灾害数据与电网生产体系紧密结合，激活数据要素潜能，推进新型电力系统建设。国网江苏省电力有限公司通过持续创新数据融合技术，推进多源气象数据治理；构建企业级气象公共服务平台，沉淀核心功能共性服务；健全数据管理机制，提升开发共享能力；推进专业场景应用，赋能新型电力系统建设，强化人才队伍培养，建立数据服务专业团队，深度发掘气象数据在防灾减灾、新能源消纳、提质增效等业务场景应用价值，沉淀高质量共性与专业气象数据服务，实现多源数据汇聚、服务开放共享、专业应用赋能，提升电网抵御自然灾害的能力，保障电网安全运行和电力可靠供应，同时促进能源清洁低碳转型，助推江苏加快碳达峰。

国网江苏省电力有限公司（简称国网江苏电力）是国家电网有限公司系统规模最大的省级电网公司之一，下辖13个市、58个县（市）供电分公司和17个业务单位，服务全省4972万电力客户，是国资委国有重点企业管理标杆企业。拥有35千伏及以上变电站3316座、输电线路10.8万千米，满功率安全运行锦苏特高压直流，建成±800千伏雁淮、锡泰、建苏直流和1000千伏淮南—上海交流工程，形成"一交四直"特高压混联、"七纵七横"500千伏输电网的坚强网架。创新构建大规模源网荷储友好互动系统，建立起我国特有的柔性精准控制负荷形成的"虚拟电厂"。客户满意率保持99%以上，供电质量全国领先，是年户均停电时间最少的省份之一。2022年，江苏全社会用电量7399.5亿千瓦时，国网江苏电力售电量6461.2亿千瓦时，全省调度用电负荷86天过亿，最高达到1.31亿千瓦，全口径营收4181亿元，资产总额3344亿元，业绩考核连续11年保持国家电网有限公司系统第一名。为充分发挥气象防灾减灾第一道防线作用，国网江苏电力不断深化电力气象数据管理工作，建立"装置可靠-监测准确-预警精细-应对有效-反馈及时-评价量化"管理模式，持续强化强对流、雷电、台风、暴雨洪涝、覆冰等预警技术水平，逐步推动气象数据应用与电网设备运行的精准关联，及时实现区域级预警向设备级预警转变，保障社会用电，获得国家电网系统和社会外界的高度认可和一致好评。

一、服务新型电力系统建设运行的能源电力气象数据管理的背景

（一）落实国家"双碳"目标的重要举措

我国在第75届联合国大会向世界郑重承诺碳达峰、碳中和"3060"目标。实现碳达峰、碳中和是党中央统筹国内国际两个大局做出的重大战略决策，

是着力解决能源环境约束突出问题的必然选择。目前我国碳基能源占比仍然较大，为加快落实"双碳"目标，须大力推进新能源供给消纳体系建设，支撑新能源大规模开发和高比例并网。2022年我国非化石能源发电量占比为36%，《"十四五"现代能源体系规划》要求全面推进风电和太阳能发电大规模开发和高质量发展，到2025年非化石能源发电量占比要提升到39%。而气象数据则是大规模开发应用新能源的根本，深度结合气象历史数据，摸清全省风能、太阳能资源的"家底"，可支撑新能源政策制定、宏观规划、精准选址等。合理应用气象数据可有效降低新能源波动性及不确定性对电网运行造成的影响，提升新能源并网消纳的时效性。不断加强气象预报预测工作的精准化、精细化和精益化，可服务新能源"发输配用"各环节，支撑国家"双碳"目标落地。

（二）支撑国网扛牢保供责任的客观要求

党的十八大以来，国家提出了"四个革命、一个合作"能源安全战略，深入推进能源革命，确保能源安全。2021年10月党中央指出"中国作为制造业大国，要发展实体经济，能源的饭碗必须端在自己手里"，突出强调了能源安全的重要性。国家电网有限公司作为关系国家能源安全和国民经济命脉的特大型国有重点骨干企业，要坚决落实国家战略方针，统筹好能源发展和安全"两件大事"。当前，我国已进入能源转型发展新阶段，受天气变幻影响，能源安全风险逐步显现。电力供需形势总体偏紧，季节性、时段性的电力供应紧张情况时有出现，恶劣天气造成的电网运行故障也呈现种类多、分布广、频率高、损失大等特征。据国家气象局公告显示，每年高温、汛期、雷击、暴雨等气象因素导致的故障，占电网总故障数的60%以上，对保供安全造成了极大的影响和威胁。因此利用数据挖掘、人工智能等新技术，深度结合气象数据与电力数据，开展融合数据分析，针对高温寒潮、飓风雷暴等高影响气象，构建电力负荷及电网运行相关影响的预测评估模型，提高应用气象数据在稳定保供方面的防灾减灾和风险防范能力，对能源安全发展具有重要意义。

（三）赋能新型电力系统的关键之策

国网江苏电力立足国家与国家电网有限公司要求，在2022年两会报告中明确提出高标准构建新型电力系统，推动能源绿色转型。将新型电力系统建设作为实现"双碳"目标的重要手段。2023年更是进一步明确了新型电力系统建设的方向和重点任务。新型电力系统构建极具挑战，一方面系统采集范围广、传输时效高，协同分析多；另一方面新能源的波动性、随机性等特征使得系统的分析预测及推演尤为困难。这些挑战对数字化支撑能力提出了更多要求，需加快推进数字电网建设，以数据为核心生产要素，实现数据在"源网荷储"全环节的协同交互。但作为新能源电力的"燃料"，现阶段国网江苏电力气象数据在全面应用上还存在诸多问题，一是气象数据分散在各部门、各单位，存在独立、重复采购现象，未在全局实现数据的共享互通，发挥数据汇聚的高价值；二是缺少统一气象数据模型标准，数据格式不统一，难以基于海量数据开展融合分析；三是缺少数据服务体系，数据服务能力不足，数据使用困难，提高了数据应用开发的门槛，限制了数据应用的广度与深度。因此需要构建公司级能源电力气象数据服务体系，打通数据壁垒，制定数据模型，充分挖掘数据价值，构建标准化数据服务，为各专业提供分析决策依据，全力支撑新型电力系统建设。

二、服务新型电力系统建设运行的能源电力气象数据管理的主要做法

（一）明确总体工作目标，做好顶层设计规划

1. 顺应发展趋势，明确总体目标

国网江苏电力全面贯彻"十四五"期间国家能源安全战略，以数字化技术为抓手，以服务新型电力系统建设运行为目标，打造电力气象数据服务管理体系。围绕增强电网"气候弹性""安全韧性"和"调节柔性"的整体要求，秉承"共享、开放、融合、共创"的建设理念，基于江苏电网发展实际，立

足解决现有气象数据分散、应用分析水平低、数据服务标准缺失等问题，聚焦各类专业应用场景，深度融合电网数据，实现"多源数据汇聚、服务开放共享、专业应用赋能"，大力提升能源电力气象数据管理水平，充分发挥气象数据在提供增效和防灾减灾的应用价值，支撑安全保供和新能源消纳，推进新型电力系统建设，服务落实"双碳"目标。

2. 把握工作方向，规划总体思路

国网江苏电力主动适应新形势新需求，明确以服务新型电力系统建设运行为目标的能源电力气象数据服务管理建设总体思路为：以服务新型电力系统建设为目标，以保障电网设备安全运行和电力可靠供应为核心，按照"创新数据融合技术，构建数据服务平台，健全数据服务体系，推进专业场景应用，强化人才队伍培养"的工作思路，深度挖掘电力气象数据内在价值，实现数据管理规范化、业务流程规范化、预报信息精准化、服务能力专业化、专业应用质效化的电力气象数据服务管理体系建设目标，推进电力气象融入生产管理体系，保障电网设备安全运行和电力可靠供应，促进新型电力系统建设及生产经营管理提质增效。

3. 统筹工作内容，明晰实施路径

国网江苏电力通过统筹五大重点方向，明确十五项重点工作，打造"515"服务体系，有序推进实施落地。其中，五大重点方向为：在技术层面，创新数据融合技术，夯实多源气象数据汇聚基础；在工具层面，构建气象服务平台，沉淀核心功能共性服务；在服务层面，健全数据服务体系，提升数据开放共享能力；在应用层面，推进专业场景应用，赋能新型电力系统建设；在人才层面，强化人才队伍培养，建立数据服务专业团队。十五项重点工作包括：拓展"数据获取"、引入"气象理念"、加强"气象内核"、数据多源汇聚严控质量、统一服务访问实时监测、搭建三大入口支撑应用、建设数据资源目录、建立服务标准规范、优化共享模式、健全多场景数据服务、优化负荷分析预测模型、增强防减灾能力、组建服务团队、打造创新格局和完善考核机制。

以服务新型电力系统建设运行为目标的能源电力气象数据服务管理架构如图1所示。

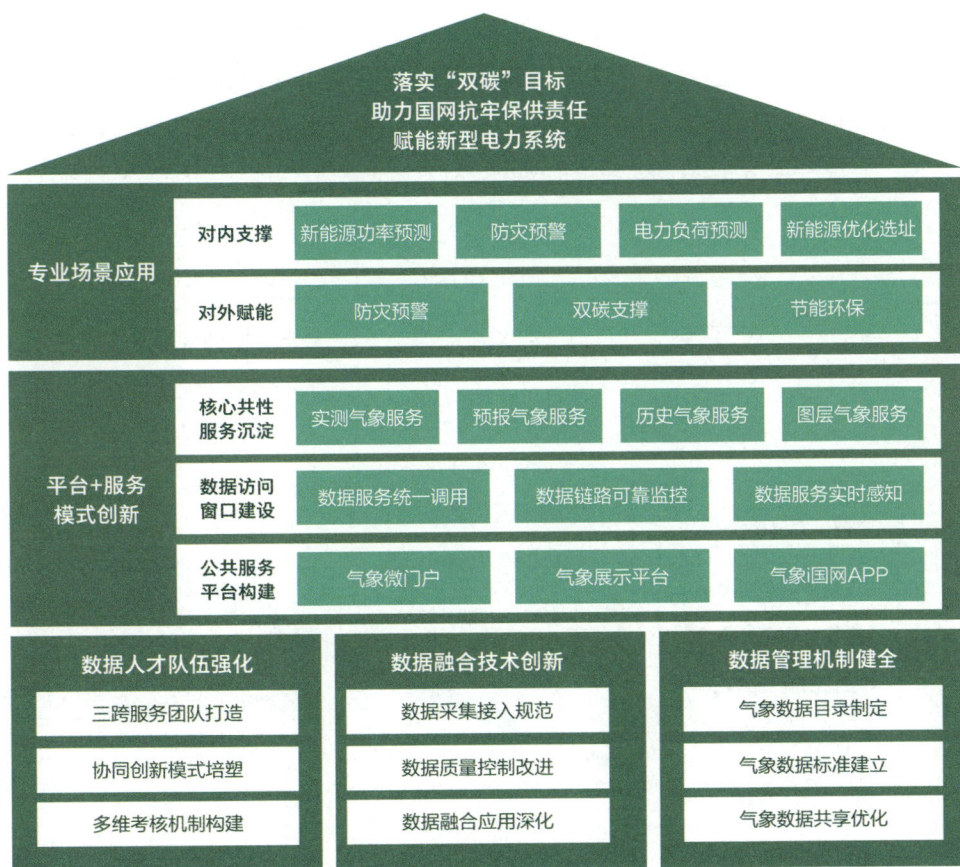

图1　以服务新型电力系统建设运行为目标的能源电力气象数据服务管理架构图

（二）创新数据融合技术，推进多源气象数据治理

数据的汇集与治理工作是构建能源电力气象服务的基础，其全过程涉及了数据的采集接入、模型定义、分级分类、质量评测。国网江苏电力基于气象网格化技术优化采集装置布点，扫除监测盲区，示范部署应用自研的小型化、低成本、高可靠的微气象监测基准站，通过电力无线专网和物联感知能力，提高数据采集的稳定性，增强数据接入的安全性，形成电力气象数据采集与接入的标准规范。同时结合电力行业特性，定义电力数据的模型结构。引入气象学算法，提升数据质量检测精度，构建电力气象数据的分级分类方法与质量评价能力，全面推进能源电力气象数据的模型、分类、评价的标准

化体系建设。面对不同数据源、不同模式算法、不同精度频度的气象汇集数据，创新提出数据融合的思路，结合地形地貌、历史气象等因素，利用人工智能训练融合算法，提高数据预报准确性，形成电力专业特有的融合数据模型库。多源气象数据融合建设路径如图2所示。

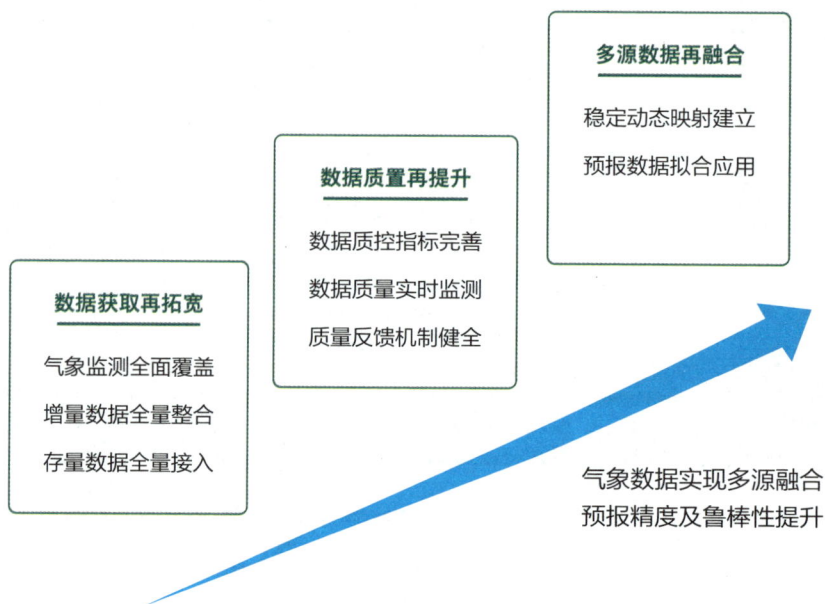

图2　多源气象数据融合建设路径

1. 拓宽"数据获取"，支撑新型电力系统业务需求

国网江苏电力基于分析气象资源信息分析算法，将江苏全省精准划分为1087个区域，持续加大气象监测布点，推动扫除监测盲区，逐步构建覆盖全省的海陆空三维气象组网，示范应用自研的小型化、低成本、高可靠的微气象监测基准站，提高采集的稳定性与准确性。以物联平台作为终端采集设备数据接入平台，存量数据迁移整合，增量数据按需接入，实现数据全量纳管，形成数据的采集与接入规范，健全面向生产的电力气象数据服务。

2. 引入"气象理念"，落地电力数据质控检验方案

为增强电力气象数据服务的针对性、精准性、时效性，国网江苏电力以数据中台作为数据存储、处理平台，通过推进气象多源数据主备切换，形成统一的数据模型规范，贯通数据各层级应用服务，打造数据管理统一化、服

务能力专业化、场景应用定制化、预报信息精准化的电力气象服务。在实测数据质量控制体系建设方面，引入时变检查、内部一致性检查、空间一致性检查等质控指标。在预报质量综合评价体系建设方面，引入TS评分、稳定一致性评估等评估指标，分指标建立预报质量综合评价体系。

3. 加强"气象内核"，创新电力气象数据融合技术

为进一步挖掘多源气象观测数据价值，发挥电力自持气象观测的优势，国网江苏电力通过与科研院所及高校合作，建设陆面观测数据快速融合同化系统，以人工智能平台等技术平台作为数据分析支撑平台，对各路数据源历史预报数据与实测数据建立稳定动态映射关系，利用人工智能算法进行预报数据拟合应用。引入ARMS和GSI等"气象内核"同化模型，实现自持和外采气象站、雷达和卫星等观测信息融合，提供高质量、标准化的1千米×1千米气象要素格点融合产品，通过创新数据融合技术，进一步挖掘和释放数据价值。

电力气象数据融合技术路线如图3所示。

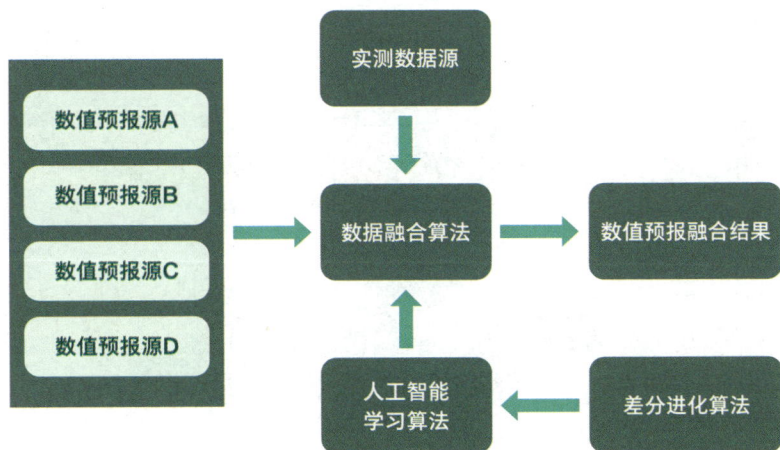

图3 电力气象数据融合技术路线

（三）构建气象服务平台，沉淀核心功能共性服务

国网江苏电力全面建设企业级气象公共服务平台，包括数据层、分析层、应用层。数据层利用平台的传输存储、数据解析能力，实现内外部气象

数据的集中汇聚、统一存储。分析层基于云平台、数据中台算力，构建实时感知的算法分析库，实现数据解析、模式计算、气象推演。应用层以数据服务接口的形式提供高质量的电力气象数据，支撑各类专业场景下新型电力系统建设，同时不断丰富和沉淀核心共性的数据服务，为全面形成能源电力气象服务管理标准打下基础。电力气象公共服务平台能力如图4所示。

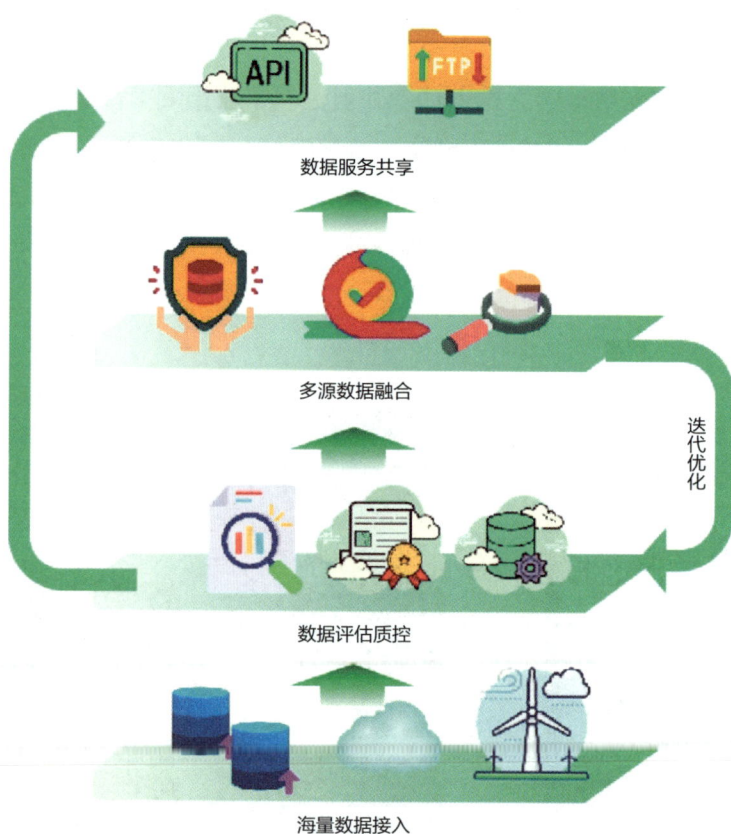

图4 电力气象公共服务平台能力

1. 多源汇聚严控数据质量，实现数据丰富供给

国网江苏电力整合政府、公司及合作伙伴资源，基于数据中台汇聚分析多源气象数据，实现内外网气象数据交互和应用场景融合贯通。通过集成公司内部调度、设备等业务数据，外部单位如南瑞水电、南信大等数据，及商

业公司数据共计九大数据源，为公司级气象公共服务平台接入4大类气象数据，分别为预报气象数据、实测气象数据、历史气象数据和可视化气象数据。同时严格监控数据质量，将天气实况数据时效性控制在2分钟，天气预警数据更新时效性缩短至5分钟，网格预报空间分辨率细化至3千米×3千米，预报时长达未来60天。为建设电网气象灾害预报预警机制夯实数据基础。

2. 统一访问监测服务质量，推动服务便捷调用

国网江苏电力全面推进统一数据窗口建设，打造稳定可靠的链路监测体系，常态化监控服务调用质量，确保服务调用便捷高效。明确通过气象微门户开展用户的技术服务权限申请、服务说明查看等，促进用户数据黏合。通过数据链路监控模块对气象数据传输、存储、共享服务全链路进行监控，及时发现异常情况并进行处理，保障数据链路的实时稳定。建立常态化服务运营管理机制，实时监控服务调用情况，定期评估服务质量，实现对气象服务的实时感知，不断提高电力气象服务效率和质量。

3. 三大入口支撑数据应用，沉淀共性服务能力

国网江苏电力构建气象微门户、气象平台PC端、气象i国网APP"三大入口"，为各专业、各部门与基层单位提供开放共享平台的数据资源，打造实测、预报、历史和图层4大类数据服务，建立气象数据分析算法库，沉淀共性服务，形成电力气象服务管理标准，赋能电网生产、运行和调度，支撑电网安全、稳定、经济运行。气象微门户提供全面的数据服务、共享能力，为电力气象业务应用提供API访问接口。气象平台PC端融合展示内外网气象数据交互和应用场景，支撑专业化气象数据溯源分析。气象i国网APP提供便捷化手机入口，为江苏内部用户提供基础的一体化气象展示、查询服务。

（四）健全数据管理机制，提升数据开放共享能力

国网江苏电力建设健全电力气象数据服务管理体系。不断加强电力气象数据服务的专业性、精准性、时效性，依托省级数字化服务统一门户，建设气象数据资源目录，有序开放气象数据服务。编制气象数据标准规范，提升数据科学化管理，推进电网气象生态建设。优化气象数据共享模式，开展数据分级管理、服务鉴权，实现服务申请自助化，提升数据服务的应用效率与共享能力。电力气象数据规范管理机制如图5所示。

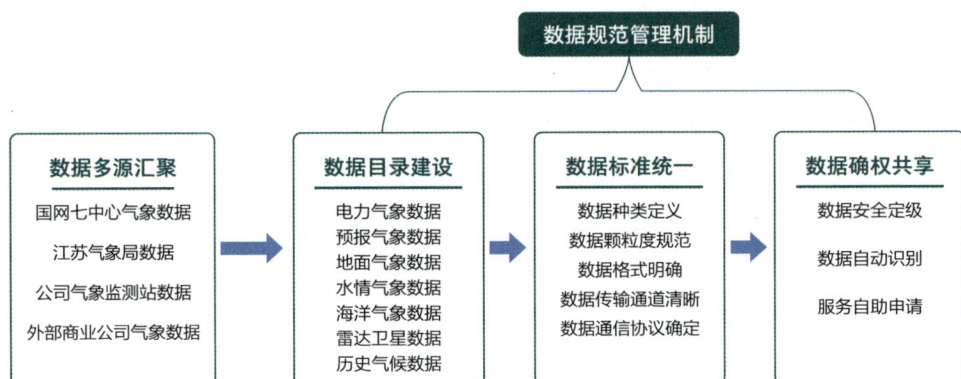

图5　电力气象数据规范管理机制

1. 建设气象数据资源目录

国网江苏电力组织建设气象数据资源目录，支撑实现气象观测预报及延伸数据的纳管。制定气象数据资源目录建设标准，汇编气象数据资源目录分类体系，主要规范气象数据档案，编辑数据资源目录，绘制数据图谱，便于对外数据检索服务，同时提供标准化格式数据的下载和数据产品的样例展示。按照数据用途和服务对象，分为电力气象数据、预报气象数据、地面气象数据、水情气象数据、海洋气象数据、雷达卫星数据和历史气候数据7类，实现资源目录的线上收集与定期更新，形成公司范围气象大数据资源目录。同时，搭建电力气象数据资源统一窗口，统筹内外部气象数据需求和获取渠道，面向管理、业务、技术人员等不同对象，提供统一的气象数据资源浏览、查询和申请服务。

2. 建立气象数据标准规范

国网江苏电力通过组织编制气象数据标准体系，提高数据规范化服务能力和可拓展性。通过参考气象相关行业规范，同时结合电网业务实际，建立公司气象数据标准，对接入江苏电网的七中心、公共气象部门等气象监测预警数据种类、颗粒度、格式、传输通道、通信协议等进行分类定义，实现内部气象数据统一，方便数据接入和使用，提升电力气象业务规范性和可扩展性，推进电网气象数字生态建设。

3. 优化气象数据共享模式

国网江苏电力依托省级数字化服务管理平台，优化电力气象数据共享新模式。开展气象数据安全定级梳理，基于气象数据特性，联合气象部门、科研机构等开展数据分级分类、价值评估工作，明确将气象数据分为无条件共享、受限共享、非共享三类，实现对海量数据的自动化识别与确权。结合分级管理、服务鉴权，完善气象数据申请流程，实现气象数据服务申请自助化，实现一次授权、多次使用，提升数据服务共享能力。

（五）推进专业场景应用，赋能新型电力系统建设

国网江苏电力在电网气象服务的基础上，推进气象与典型业务场景深度融合、有效关联，深化气象信息在电网运维保障、调度运行、规划设计、施工生产等环节应用，构建开箱即用、可配置的定制应用场景，将气象预报预警与电网系统安全运行相结合，改变电网对恶劣气象被动防御局面，全链条提升电网防灾能力，指导进一步完善电网规划设计、运行管理、应急处理等业务应用，助力保障新型电力系统安全稳定运行。气象数据多元场景应用体系如图6所示。

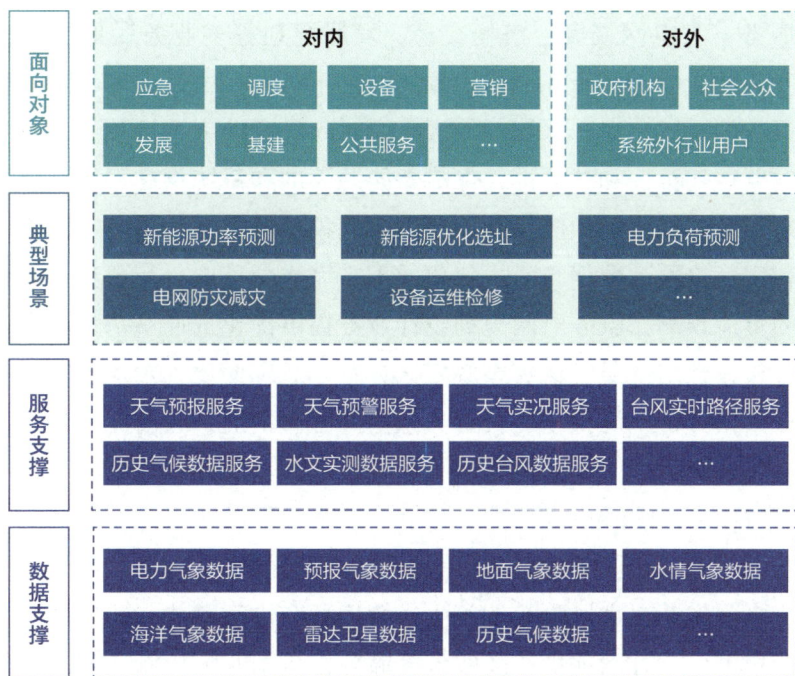

图6 气象数据多元场景应用体系

1. 全过程天气灾害预报预警，辅助防灾减灾应急指挥

面向设备运检业务亟需的应急指挥辅助决策需求，强化气象对电网设备运行影响的差异化预警，在灾前、灾中、灾后全过程提供定制化气象服务，为设备运维工作智能化、高效化提供坚强支撑。一是灾前精准预警。基于气象灾害预报预警，结合电网设备分析，提出针对性预警建议，指导开展灾前线路特巡及隐患专项治理，合理安排资源调配，做好应急预案。二是灾中监测跟踪。基于实时气象灾害监测，及时提供现场作业取消、延期建议，辅助作业现场人员决策。针对当前气象条件及后续变化，制定、调整现场风险防控措施，切实保障作业人员安全。三是灾后追溯评估。灾害发生后，通过实地检查上报设备受灾影响情况，及时反馈具体应对措施，分析灾损影响，为电网设备的灾后恢复与改造提供数据支撑。

2. 精细化气象影响负荷预测，支撑调度运行精准决策

面向调度业务亟需的计及气象影响的负荷预测需求，利用气象连续性变化特征，基于气象网格、雷达回波和卫星影像等面数据，基于深度学习算法开展天气态势推演，支撑优化新能源功率预测、负荷预测、新能源资源分布分析等服务，为电网调度、市场交易、发展规划等多业务场景提供决策支撑。服务调度业务开展新能源出力预测。基于风速、辐照强度、降水强度等气象预报数据对风、光、水等新能源不同时间尺度功率进行预测，有效平抑新能源发电的随机性和波动性，保障新能源消纳和系统供需平衡。服务电力市场交易业务开展负荷预测。利用精细化气象预报数据，完成电网短期负荷预测，利用气象预测数据与历史气象数据，完成中长期负荷预测、灾害天气影响下的负荷预测。服务电网规划设计业务提供优化选址。基于历史极端天气数据分析，合理规避气象灾害频发区；基于总辐照度、70米高度层平均风速等历史数据分析风能太阳能资源年景空间分布情况，为新能源场站选址、新能源消纳中长期分析提供依据。

3. 伴随式天气服务提前预警，强化生产管理提质增效

在电网施工检修业务中融入可观测、可预测的气象数据，为电网检修运维保障、电网作业灾害风险管控等生产管理环节进行赋能，为生产决策提供科学支撑依据。一方面提供伴随式天气服务，自动匹配检修计划时间与待检修电网设备位置的天气预报情况、灾害性天气提醒等信息，实时提示巡检人

员所在位置是否有灾害性天气发生，是否具备带电作业条件；另一方面提供作业条件实时监控服务，提前分析灾害风险对作业计划影响，发布相关警示、提示，以支撑各级作业人员合理制定和调整施工作业计划。

（六）强化人才队伍培养，建立数据服务专业团队

国网江苏电力通过建立"三跨"（跨部门、跨专业、跨单位）柔性攻关团队，不断提升团队专业水平，加强与高校、气象部门及兄弟单位合作，建立联合培养人才模式，培养锻炼复合型人才。加强团队人员跟踪管理和考核评价，建立"日常、季度、攻关期"三位一体考核机制，常态化开展蹲点跟进式调研，全方位多角度掌握团队人员现实表现。

1. 以应用为目标，组建研究型服务团队

以服务新型电力系统建设运行为目标，国网江苏电力建立了跨部门、跨专业、跨单位的"三跨"团队。以解决应用问题为导向，针对不同部门能源电力气象数据服务中存在的具体问题，组建"研发能力+气象技术+电力情景"的攻关小组，持续开展服务技术研究，不断提升和深化团队专业水平。

2. 以科学为牵引，打造协同创新新格局

国网江苏电力与高校、气象部门及兄弟单位构建了多元化长期战略合作伙伴关系，建立了针对电力气象科技问题定期交流研讨机制，不断提高研究水平，在科研项目、标准专利等方面开展深入合作。在人才培养方面，与电力、气象等高等院校建立了人才联合培养模式，面向电力气象培养锻炼复合型人才。以科学为牵引，多措并举，打造协同创新新格局。

3. 以激励为导向，建立多维度考核机制

为进一步提升团队内生活力，国网江苏电力构建了差异化绩效考核管理制度。通过团队人员跟踪管理和考核评价等方式，建立"日常、季度、攻关期"三位一体考核机制，常态化开展蹲点跟进式调研，全方位、多角度掌握团队人员现实表现。同时，国网江苏电力创新通过工作方式，实施多元化激励机制，搭建人才平台，科学应用"目标激励、物质激励、精神激励、竞争激励"等方式，调动核心骨干人才创新积极性。

三、服务新型电力系统建设运行的能源电力气象数据管理的效果

（一）优化电网运行维护模式，辅助管理决策

国网江苏电力充分响应落实国家电网有限公司"两会"的工作要求，汇聚共享全省电力气象数据，打造"电力气象一张图"，聚焦各专业应用及提质增效等场景需求，推动电力气象数据在电力设备、安监、调度等专业场景的融合应用，建设4大类21种42个数据服务接口，提供全面的数据服务及数据共享能力，支撑国网江苏电力各类应用建设90余个，数据服务总调用次数超2.6亿次，最大化释放数据价值，赋能电网运营管理运行维护，有效防控气象灾害风险，显著提高公司决策管理效率，打造电力气象数据管理江苏示范，实现"多源数据融合、服务开放共享、专业应用赋能"的建设目标。

（二）铸牢防减灾第一道防线，降低经济损失

国网江苏电力充分发挥气象防灾减灾第一道防线的作用，通过气象数据服务管理，有效提升了电网安全可靠性，经济效益显著。立足"防大汛、抗大旱、抢大险、救大灾"原则，大力提升防灾减灾能力，积极应对特大暴雨、台风、森林火灾等自然灾害，全面落实电网防汛抗灾能力提升18项重点措施，助力打造应急响应体系，总计发布气象预警230余次，启动应急响应百余次。在盐城7·20风灾中，利用气象平台风速预报数据实时感知电网运行态势，及时协同业务部门组织抢修、排除故障，应急响应累计派单610张，有效提升了电力系统对极端事件的响应和快速恢复能力，确保了电力系统安全稳定运行，守住了大电网安全生命线和民生用电底线，切实降低了灾害损失，推动电力安全保供机制不断完善。

（三）预测和消纳新能源发电，助力减排降碳

2022年江苏省累计新能源发电装机容量已突破5000万千瓦，占比超30%，单位面积新能源发电装机容量达每平方千米493.84千瓦，在国内各省中排名第一。为适应新能源大规模高比例发展趋势，国网江苏电力持续深化电

力气象数据在风电、光伏功率预测和电网负荷预测等场景的分析应用，助力新能源发电高水平消纳，全年支持公司完成100余项新能源接入系统评审，助力海上风电、分布式光伏等新能源项目并网接入。如有效支撑国网溧阳供电公司在金峰科学铺设屋顶光伏，构建出一座30兆瓦分布式光伏电站，每年可提供3500万千瓦时"绿色电"，与火电相比，每年可节约标煤1万吨，实现碳减排2.6万吨，同时廊道光伏发电量可实现100%就地消纳，进一步降低企业生产能源成本，有力促进新能源供给消纳体系建设，进一步提升能源安全保障能力，推动绿色低碳发展。

9

基于价值创造的现代智慧配电网"两融三智"财务管理

创作单位（部门）：国网江苏省电力有限公司财务资产部、国网
江苏省电力有限公司扬州供电分公司

主创人：徐 帅、秦 健

参与创造人：郑祥华、吕桂萍、施卫英、芮 筠、夏媛媛、
任腾云、杨建明、毕晓蓉、方 莉、谢海燕

荣获表彰：国网江苏省电力有限公司2023年度管理创新优秀
成果一等奖

[摘要] 国网江苏省电力有限公司聚焦配电网高质量发展的战略目标要求，基于业财协同、流程贯通、数据聚合、人才保障，以"融入战略、融合业务"为服务内核，系统设计体系架构，利用"两融三智"方法创新构建现代智慧配电网价值管理体系，以数字化、智能化、智慧化赋能新型配电系统。以项目全过程数字化"智能管控"应用为主线，汇聚多源数据，多维呈现项目全景、感知实施动态，保障项目过程精益管控、项目储备精细评审、设计规划精准引导和物资管理精确归仓。以配电网投入产出效益"智慧评价"为内驱，科学构建配电网过程质效评价模型和资产价值评价模型，洞察配电网管理绩效和产出质效。以赋能各业务环节管理人高效决策、激活"经营智囊"价值为目标，与多专业共享管理提升成果，推进资源合理配置、数据高效治理和业务智能运作。通过现代智慧配电网价值管理体系的构建和实践应用，实现配电网项目投资方向看得清、实施过程控得住、投入成效算得准、业务发展跟得紧，助力实现配电网高质量发展的目标，支撑新型电力系统加快构建。

国网江苏省电力有限公司（简称国网江苏电力）是国家电网有限公司系统规模最大的省级电网公司之一，现辖13个市、58个县（市）供电分公司和17个业务单位，服务全省4972万电力客户，荣获全国脱贫攻坚先进集体、国资委国有重点企业管理标杆企业。客户满意率保持99%以上，供电质量全国领先，是年户均停电时间最少的省份之一，业绩考核连续11年保持国家电网系统第一名。2022年，国网江苏电力开展配电网资本性项目3.38万个，成本性项目4.27万个。国网江苏始终将数智化作为推进电网转型升级、实现高质量发展的重要抓手，基于对配电网投资管理中业财融合情况的深入分析，以及对投资的经济性和有效性的深入挖掘，加速开展投入产出评价体系的规范构建，为投资建设策略的制定提供有效支撑，在以"一体四翼"高质量发展全面推进具有中国特色国际领先的能源互联网企业建设、为中国式现代化赋动能作贡献中站排头、当先锋、作表率。

一、基于价值创造的现代智慧配电网"两融三智"财务管理的背景

（一）推进新型电力系统建设的需要

党的二十大对党和国家事业发展作出全面部署。电网企业需坚决扛起责任，加快构建清洁低碳、安全充裕、经济高效、供需协同、灵活智能的新型电力系统，提供能源电力稳固基础保障。新型电力系统构建的重点难点主要在配电网层面，需要统筹安全质量和效率效益，通过"大云物移智"等现代信息通信技术与有源配电网深度融合，以数字化、智能化、智慧化赋能新型配电系统，加大配电网改造和建设，实现安全可靠、经济高效、清洁低碳。

（二）保障电网战略目标实现的需要

电网企业需要综合考虑未来投资回收情况，做好资源投入规划的同时加大政策性投资，科学合理地配置企业资源，优化和完善投资全过程管理，不断提升电网企业的投资收益。构建现代智慧配电网价值管理体系，开展精细化配电网投入产出效能评价和精益化管理提升工作，需深刻理解电网企业的发展战略目标，深入融合业务发展要求，借助数智驱动力、强化业财深度融合，在配电网投资建设中管好投入和产出、获得成本控制和效益放大。

（三）保障配电网高质量发展的需要

2016—2022年，国网江苏电力年均配电网投入262亿元，配电网资产增长至3436亿元，占总固定资产的47%，投入方向持续优化、业务指标不断改进，但精益管控、资源统筹、投资评价仍面临诸多挑战。财务组织在配电网建设过程中，担当着资源分配、效益度量、风险管控、价值流记录的重要职责。开展精细化投入产出效能评价和精益化管理提升工作，财务既有先天的优势，又肩负着巨大的压力，亟需加强数智化管理手段，助力减负赋能、提质增效和风险防控。

二、基于价值创造的现代智慧配电网"两融三智"财务管理的主要做法

基于价值创造的现代智慧配电网"两融三智"财务管理体系如图1所示。

（一）明晰目标，系统性规划管理创新路径

1. 定义价值管理目标

配电网的可靠性和经济性是新型电力系统建设的基础条件，资产是创值的载体，业务是创值的动力，组织是创值的主体，配电网的价值创造过程就是通过有效的业务活动，实现资产的精准投入和高效运营，从而安全可靠经济地服务客户。现代智慧配电网财务管理的目标，是以提升国网江苏电力的

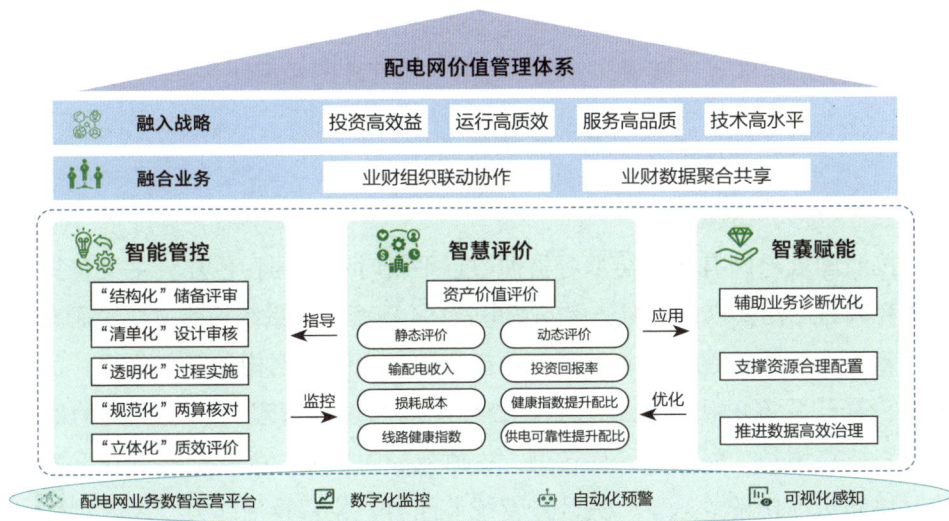

图1 基于价值创造的现代智慧配电网"两融三智"财务管理体系

价值创造能力为核心，立足于配电网工程项目全过程精益管理和规范化价值评价，通过数字化手段促进业财融合，有效支撑投资决策、促进减负赋能、服务提质增效，助力新型电力系统建设，驱动"融入战略、融合业务，智慧、智能、智囊"的现代智慧配电网管理数字化升级。

2. 设计体系构建路径

遵循"顶层设计、数智赋能、业财融合、共建共享"的工作原则，按照"稳固内核—夯实根基—支撑洞察—深化实践"的路径，坚持党建引领以稳固"融入战略、融合业务"的创新内核，与各专业部门积极协作，落地配电网业务数智运营平台，打通信息反馈链路以夯实"智能管控"的根基，构建配电网过程质效、投入产出效益和资产价值评价机制以支撑"智慧决策"的洞察，前瞻引导资源配置方案以支持深化"经营智囊"的实践，强化财务组织在资源分配、效益度量、风险管控、辅助决策方面的中枢作用。

3. 明确目标实现手段

价值管理实现的手段，是充分利用信息技术和管理方法，依托平台聚合的项目数据达成信息透明度、协作流畅度、洞察灵敏度，实现项目过程"智能"感知，提升价值还原的时效性；借助数据模型的规则引擎强化评价全面性、调度柔韧性、规划前瞻性，促进资源分配"智慧"决策，提升价值流向的指导性；通过闭环反馈的经典理论固强组织凝聚力、措施执行力、发展洞察力，实现战略业务"智囊"作用，提升价值管理的实用性。

（二）两融指引，高质量推动价值创造

1. 落实公司战略要求

按照国家电网有限公司学习贯彻习近平新时代中国特色社会主义思想主题教育调研工作要求，学习辛保安董事长在《新型电力系统构建方法论研究》中对新型电力系统建设要领的深入分析论证，为配电网构建资源集聚、优势互补、合作共赢的协同创新机制。瞄准配电网过程管理和价值提升的发力点，坚持稳增长、保供电、促转型、提质效、防风险，强化战略支撑、深化业财协同、细化精益运营，提升经营统筹能力、数智管理能力、风险治理能力，持续完善数智财务方案，加快建设世界一流财务管理体系，有力支撑"一体四翼"高质量发展。配电网价值管理体系对战略落地的支撑作用，体现在通过精益管理项目过程、科学配置财务资源，平衡好资本结构，建立由战略规划到配电网年度预算、由配电网预算到效能评价考核的闭环联动机制，推动内外协同、上下贯通，实现配电网发展质量、结构、规模、速度、效益、安全的有机统一。

2. 融合业财管理需求

配电网建设过程中，业务部门以丰富精深的专业能力和经验智慧推动项目规划落地、指标落实和建设实施，财务部门将价值创造所利用的各要素进行有机整合，针对电网内部各经营单元的划分颗粒不一、尺度不均，拓扑节点大小有别、规模有差，收入成本传导和分摊在触及业务最前线、路径最末端模型时的力度不够，导致的价值计量失衡的现象，利用多维精益数据体系，以场景式信息展现价值创造过程并从中找到价值创造链条的薄弱环节、精准实施提升措施。财务组织着力于过程质效提升和资源精细分配，全面实现最小项目或资产单元投入产出的合理计算、精益反映、准确评价，多维度精准刻画配电网建设全过程，以全过程管控作为"提质增效"措施的施行依据、以全维度评价结果作为"提质增效"行动的出发点，确保精准发力。

3. 释放多维数据价值

以国家电网有限公司多维精益体系建设的成果为基础，全局规划数据赋

能方案，拉通配电网的多维数据链路。设计价值管理数据应用场景，根据发展、财务、物资、设备、审计等业务部门的管理提升诉求，设计项目过程状态展示和质效评价、资产价值评价的数据呈现方案，细致梳理各管理场景所需的进度节点、领料数据、预算执行比例、资产运行效能等数据字段，形成七大管理视图。全面梳理数据资源现状，依托数据中台为项目全过程管理汇聚基础数据，按照配电网实施过程的控制节点的次序，从物资、审计、发展、设备到财务、监理的纷繁事务和交织触点中理清全过程数据链路，对关键信息系统和数据资源进行图谱化梳理，映射到明确的数据字段和信息系统。打通多源数据抽取通道，从PMS3.0、全口径、ERP等系统中将项目基本属性、预算信息、分包信息、进度信息、资产信息、结算信息、决算信息和归档信息的25个时间节点、92个字段聚合汇总、有序组装，建立项目过程信息的多维立体空间，衔接业财两端数据链路，提供项目全景视图。

（三）多线联动，实现全过程"智能"管控

1. 前端审核"规范化"，提升投向准度

创新建立项目储备目标结构化评审模式，及时准确识别立项必要性、技术指标差异和预期经济效益，全面提升储备项目质量。提取转换储备目标字段，聚焦网架投资重点要解决的"增加线路联络""降低线路负载"等问题，设计格式模板，把沉淀在非结构化文本中的立项目标，转换为类别枚举值、提升比例、指标字段值等结构化信息，批量分析储备目标合理性，打破专业壁垒，为业财协作联动建立有效的信息纽带。联通自动分析数据通道，依托配电网业务数智运营平台接入设备资产的关联关系信息，聚合PMS3.0系统的单线图和各专业系统指标数据，统计分析储备项目对应线路的运行状况，为储备目标审核提供全自动的数据支撑，减少工作负荷。辅助项目储备评审自动化，财务部梳理完成存量项目和资产的挂接关系，集成全面预算管理平台获取新增项目和资产的挂接关系，实现"全量化""可视化"挂接，落实资产与项目的双向可溯，在储备项目评审时根据项目定位到资产，由资产追溯历年资源投入情况，支撑项目实施必要性的评估，将项目储备评审从定性转为定量、从人工升级为自动，引导资源投入目标性强、迫切度高的领域。

2. 过程管控"透明化"，细化管控精度

将过程管理规则固化到系统中，从"网状"信息传递流径变为"线性"的快捷路径，屏蔽数据获取的复杂动作，为管理人员提供直观的过程视图，精准定位质效问题，系统优化管理模式，落实提质增效工作要求。细化设计精度审核规则，财务人员以设计预算书信息的有效利用支撑精准全面的设计精度评价，将设计文件中的物资数量、施工费与 ERP 实际发生数进行比对，逐项计算差异，确定实际设计偏差比例，把原有的以项目整体预算偏差为基础的评价方式，细化为合理依据设计预算中物资数量、施工费等明细信息，准确剔除物资价格浮动的影响，客观评价设计精度。提供全过程时效控制，业务部门系统梳理项目全过程各环节的协作时效要求，以 PMS3.0 中的计划开工时间控制发料进度，严控超前领料；以施工单位已领料未送审的项目规模控制专业仓物资库存，防止物资在施工单位无效沉淀，降低灭失风险；建立过程信息比对模型，由各业务部门自主使用平台催办消息引擎自主配置催办规则，平台自动根据各节点完成情况对下一环节责任人进行持续催办，直至任务完成。强化全过程风险管控，财务人员以安全管控系统中的施工时间控制甲供材退料时间，按照项目、物料编码比对审计系统的审定物资数量与 ERP 财务的实际物资出库数量，一键生成物资退补预警信息实现甲供、废旧物资全口径 100% 入库；按照单体项目的"物资种类+采购批次"稽核物资整领整退情况，有效甄别物资虚出和提前领料行为，设计并推行费用核对清单，针对设计预算书中设计费、监理费，审定结算书中施工费、甲供材，以及审计系统中两算审计费，进行自动化的稽核校验。

3. 结果评价"立体化"，强化改进力度

针对配电网项目过程管理精益化提升的需求，充分利用多维数据资源，构建涵盖设计精度、物资管控、进度管控、送审质量和核算质量五大维度的项目过程质效评价指标体系，具体包含预算施工费准确率、预算甲供材准确率、废旧入库完整率、退料比例、开工及时性、送审时效性等合计 19 项指标，支撑项目和组织双视角质效在线实时评价。针对单个项目，区分资本和成本两种类别分别设置指标权重，细化单项目管理绩效评价；针对各个组织，汇总计算其所属或负责的全部项目的各年度项目总得分、各维度得分、各单项指标得分，得到组织质效评价结果，实现"开工即评价"的目标。通过聚合历年配电网项目的综合信息，提升质效评价机制的横向、纵向的可比性，同时进一步计算各基础指标的"增长率""指标排名"结果，构造既能体现组织间管理水平差距，又能合理控制整体离散度的评价指标体系，通过加权计算得到复合考评指数，以此对各市县公司的管理质效进行综合评价，促进管理质效在评比中提升。项目过程质效评价模型见表1。

表1　项目过程质效评价模型

序号	指标维度	指标名称	指标权重	
			资本项目	成本项目
1	设计精度	预算施工费准确率	10%	13.34%
2		预算甲供材准确率	10%	13.34%
3	物资管控	物资领用准确率	5%	6.67%
4		退料比例	5%	6.67%
5		开工及时性（物资）	3%	4%
6		物资退补及时性	5%	6.67%
7		废旧入库及时性	5%	6.67%
8		废旧入库完整率	5%	6.67%
9	进度管控	开工及时性（立项）	2%	2.67%
10		成本报账及时性	5%	6.67%
11		建卡及时性	5%	—
12		结算送审时效性	5%	6.67%
13		决算编制时效性	5%	—
14		关闭及时性	5%	—
15		关闭时效性	5%	6.67%
16	送审质量	送审准确率	5%	6.67%
17		一次送审率	5%	6.67%
18	核算质量	决算准确性	5%	—
19		暂估及时性	5%	—
合计			100%	100%

精确考核激发活力，配电网过程质效评价模型既能从过程视角挖掘单个项目的进展和问题，也可通过组织层级的信息汇总，实现地区和组织层面项目管理水平评价。质效结果支撑了扬州公司《配电网高质量三年行动方案》的修订和完善，对业务管理提供了有效输入。

项目层级，各业务部门项目管理人员通过横向和纵向的客观评价直观了解项目的进展状态、设计精度的偏差，对物资领退的规范性进行实时监督，加速送审和核算。项目管理人员识别到职能范围内需要补强的管理短板后，能够着力加强薄弱环节的管控措施，一方面推动项目高效、高质量进行，缩短关闭时间，减少预算执行偏差，一方面持续提升项目管理人员的管理能力和对项目的控制力度。

组织层级，客观评价市县公司、供电所在五大管理领域的项目管理水平，通过对比同一时点、同一层级的组织间的管理状况，直观了解单位间管理长短板，及时发现执行差异或质量洼地，横向了解项目管理的整体效果、纵向评估相关措施的改进成效，促进各单位更有针对性地采取措施提升各能力项，为从整个公司层面提高项目管理水平提供辅助支撑。

（四）多维透视，落实全级次"智慧"评价

1. 构建资产多维效能画像

在多维精益运营平台、PMS3.0、电网可靠性管控系统数据贯通的基础上，以10千伏线路资产组（含开关等附属设备）为价值评价对象，开展资产价值统计、项目投资归集、投入产出分析、业务指标分析和网格资产组构成分析，实时掌握资产组和所属单位配电网资产价值情况。首先实现预算投入和人工费用等分摊至项目，再通过项目直接挂接和多维模型分摊至资产、进而将投入汇总到各级组织，利用多维架构计算各电压等级资产的过网电量，联合财务专业的电费收入、生产专业的用电可靠性、发展专业的线损率等，归集为产出成果，作为计算资产产出价值的依据，并向上汇总到组织。

配电网资产投入产出传导路径如图2所示。

差异化构建静态和动态两种评价方法对资产价值进行综合衡量，找准长期评价与当期评价之间的平衡点，兼顾经济性和技术性指标，科学衡量配电网投入产出效益效果，前瞻预测投资回报水平，高效精准引导财力资源投入。

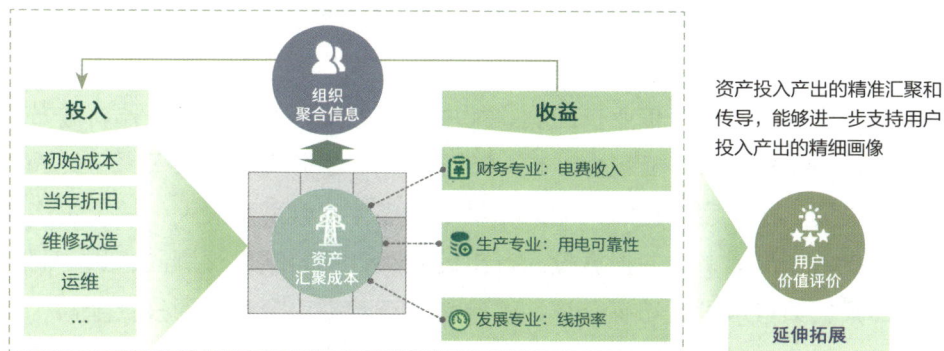

图2　配电网资产投入产出传导路径

2. 静态评价感知资产状态

静态评价的构建是在资产组投运年限、线路长度、设备数量、资产原值、健康指数和近三年供电量的数据基础上，支撑对现有资产组投资回报能力和供电可靠性水平的分析测算。静态经济性指标主要以电量电价为分析对象，具体计算各资产组的输配电收入与损耗成本，并关联资产组原值得到单位资产输配电收入。通过比较单位资产输配电收入、最大负载率、平均负荷率、平均供电半径、单位容量长度造价、单位长度线损率等因子，比较投入时间和投入金额的合理性。静态技术性指标即为线路健康指数，具体包括网架结构分析、供电能力分析、设备状态分析、自动化分析和配电网运行分析五大维度，涵盖历史联络分段、供电半径、转供能力、负荷水平、装备水平、故障水平、终端布点、实用化分析、停电事件分析、优质服务分析等10个指标。

静态评价建立了评价对象与数据、指标之间的关联评价体系，通过将其固化植入配电网业务数智运营平台，自动出具评价结果，及时、全覆盖地精准统计所有配电网资产产生的售电量、收入，以及投入资源的多少，为业财管理人员感知资产运行效能提供了自动化评价机制，为及时识别低效能资产、有效规划运检工作提供参考。凭借自动出具的静态价值评价结果，国网江苏省电力有限公司扬州供电分公司（简称国网扬州供电公司）敏锐洞悉高邮开发区供电网格售电量增幅显著的情况，在9月初及时追加项目投资，强化供电保障，护航当地产业转型发展。在开展10千伏清潭线电池园支线等线路维修项目前，国网扬州供电公司通过资产评价结果了解到该线路1—8月电量产出极低而线损极高，资产效能低下，及时提醒业务部门采取备选方案满足供电需求。

3. 动态评价反哺投资决策

动态评价的构建聚焦业扩配套、配电变压器增容、配电变压器新增布点三类项目，在静态价值模型基础上，依托"项目–资产"的挂接关系，计算上一年度投资、本年度收益回报能力与供电可靠性提升的相关性，评价资产组近期的投入产出效果，并根据投入产出的相关性拟合结果预测同区域、同类资产的投资回报水平。动态经济性评价是基于数据中台汇聚的投资金额、报装容量、开竣工时间、用户电量电费、最大负载率等信息，分地区、电压等级、容量水平、行业类别计算投资报酬率，对三类项目的投资回报情况进行定量统计分析。动态技术性评价包含健康指数提升配比和供电可靠性提升配比等指标，细致呈现电网质量、电网安全性和智能化水平的提升情况。通过"项目挂接资产–资产归集到资产组–资产组聚合到网格–网格定责到组织"的链路，实现配电网项目产出评价在多个级次的综合评价，支持开展各层级投入产出对标分析。

动态评价对于差异化分析不同发展阶段、不同类型的投资对指标改进的影响程度提供了有力的数据支撑，提供的量化分析结果精细反映了不同类型投资对指标的改进作用，从而为不同地区投资策略研究提供价值参考。国网江苏电力根据动态评价结果，掌握投入与供电可靠率提升的量化分析结论，包括苏南地区提升供电质量最有效的是配网抢修驻点、不停电作业、网架类和设备改造投入。投资回报的合理预测帮助财务部门根据地区特性展开针对性资源投放的配置规划。国网扬州供电公司将评价结果用于项目优选排序算法的制定，并建立预算变更专项核查机制和配电网投资评价与决策模型。

（五）多点优化，支撑多场景"智囊"决策

1. 辅助业务持续优化

充分利用配电网业务数智运营平台的数据资源和管控触角，辅助诊断项目管理问题。在项目实施过程中，根据风险点嵌入稽核规则，精准辨识过程风险，智能推送项目节点时效信息和质量信息，业务人员利用自动预警及时督促按时按质完成相关工作。在各重要进度节点，对项目的设计、施工、物资领料、废旧回收、结算等主要环节和外部合作单位的工作质效进行评价，

业务人员通过评价结果及时获知进度问题，倒逼从项目源头提升工作质效。在项目完成后，对项目实施质效进行多维度评价，对管控质效差的项目进行全方位分析，及时发现并有效解决物资应退未退、拆旧应交未交、两算进度滞后等管理问题，业务部门通过分析结果了解潜在风险，及时采取弥补措施。按照固定周期，对各市县公司配电网项目管理成效进行对标对比，提炼好的经验做法并加以推广，在全省范围内发布优秀案例6篇、形成"提质增效"行动典范，促进公司系统配电网项目管理整体水平提升。

2. 促进资源合理配置

将资产价值的评价结果作为资源配置的决策依据，落实投资问效。评价当前状态下资产组的盈利能力，筛选盈利能力较差的资产组，对最大负载率、平均负荷率、平均供电半径、单位容量长度造价、单位长度线损率等关键因素进行分析，提出改进资产组盈利能力措施。评价资产组供电可靠性与投资强度的关联关系，定位投资强度高、供电可靠性低的资产组，分析问题成因，促进投资合理化。评价多要素的关联特性，即通过执行资产网格、县公司、市公司等各类资产组的盈利能力和供电可靠性与投资强度的关联关系的评价，提前预测投资回报，引导多层次合理投资、避免过度超前。评价新增配电网资产组的投入产出变动情况，筛选投资后长期没有合理回报的资产组，分析其回报滞后的原因，引导合理控制投资规模和投资进度，避免投入过大、过早。

3. 推动数据高效治理

在推进配电网过程管控和价值管理体系建设的过程中，把课题研究与常态化的系统特性提升和数据质量管理相结合，促进多重管理效益的达成。全面梳理记录线上线下数据口径差异、数据业务逻辑不清晰、数据颗粒度不够细、数据字段缺失等问题，总结形成数据质量提升建议并重点针对资产数据问题开展全面盘点治理。

在资产数据治理方面，针对历史资产价值不合理、PMS3.0与ERP资产数据不一致、PMS3.0与现场情况不一致、迁改与用户资产未接收等具体问题，以变电站出线为源头、单线图为依据，建立了"网格长+供电所+运维单位"三方协作机制，由网格化运维单位依据单线图和现场清盘，全面展开对10千伏线路资产系统数据与实物数据一致性的盘点与核对，逐项进行资产设备的拍照留存、差异核对，并分类形成现场整改需求和解决方案，助力资产数据准确性的有效提升。

在源端录入治理方面，持续开展业财联动，对项目开竣工时间、送审时间进行准确溯源，加强数据录入规范性要求，收紧数据使用链路，实现项目数据一数一源、一源多用；针对资产明细账项目名称与全口径系统中的项目名称不一致、欠供物资审定数量录入不准等情况，开展数据问题排查并及时提出增加必要字段、单据文本字段格式化等系统优化建议，促进数据质量的持续提升。

（六）多层保障，建立多方位创新实践

1. 强化组织保障，营造精益化提升共建氛围

在协作机制层面，深化"旗帜领航"党建工程，开展跨层级、跨专业的支部结对，推动党建工作与生产经营深度融合，实现互联互通、协调联动、共建共享。建立省、市、县三级联动共建的配电网价值管理体系构建与实践工作团队，展开头脑风暴、主题研讨、实地调研等活动，充分发挥结对各方资源优势、管理优势和专业优势，以解决"共性痛点"为切入点，确立创新实践方向，理清项目配置、投入配置、资源管理、资产管理的需求，构建闭环式的管理体系。

在管理制度方面，财务主导形成各专业统一"精益管理，提质增效"的思想认识，精细划分关键节点、时间路径和关键责任，将监控进度和监测质量的工作落实到岗位和个人，对各个过程节点进行精细管控；实时汇总、分析价值分析结果，周期性汇报，识别延迟、滞后节点和风险事项，实现项目事前、事中、事后全过程精细化管理。

2. 强化系统保障，构建高可靠数智运营平台

坚持以数智手段为支柱的流程变革优化路径，自主研发落地配电网业务数智运营平台，保障数据"零人工，全自动"共享，充分提升基层人员沟通效率、提高信息传递透明性、改善问题应对时效。提供系统流程支撑，在平台搭建两大体系、八大功能板块支撑过程管控和价值管理。通过项目总体概览、项目过程透视、物资风险管控、监控预警中心、项目质效评价、资产价值地图、共享知识广场和后台配置管理等还原配电网价值流的所有环节。简

化信息传递过程，管理规则固化到系统中，配电网的管理从"网状"信息传递流径变为"线性"的快捷路径，系统封装了数据获取的复杂动作，为管理人员提供直观的过程视图。充分利用中台技术资源和多维数据基础，赋予平台数据集成贯通共享能力，数据得以快速调用至配电网过程管理和价值评价的各个业务场景，充分服务业务管理需要。

3. 强化人才保障，积聚数字化转型智力支持

开展组织绩效管理创新体系在地市供电公司的研究实践，融合OKR（目标与关键成果）和内部模拟市场机制，推动创新绩效考评化，将过程质效评价和资产价值管理评价结果，与业绩目标进挂钩，引导全员进一步挖掘内部管理创新潜力。开展数字化练兵比武活动，促进财务人员风险管理、内部控制、财务稽核能力的提升，强化财务数字化相关政策、制度、规范、方案以及财务信息系统操作等内容的学习，建立以创新发现人才、以研究推动学习、以管理促进成长的培养机制，组建创新柔性团队，在配电网项目管理领域持续探索研究，推动专业管理工作再上新台阶。

三、基于价值创造的现代智慧配电网"两融三智"财务管理的效果

（一）减负提质，管理水平显著提升

运营平台推广应用，基层作业简化优化。简化项目管理操作超过10项，减少重复录入环节20多个。2022年，试点单位国网扬州供电公司配电网项目"两算"送审平均时长同比分别减少32.30%、60.57%，项目竣工到关闭时长下降到31个工作日，降幅度达42.59%，管理质效大幅提升。风险防范成效显著，物资灭失效果明显。截至2022年12月，试点单位国网扬州供电公司实现结余、拆旧物资全部按期入库。拆旧电缆较2021年同期上升23%，物资退料条数同比下降超过67%，平均退料时长较上年减少13天。评价体系植入平台，动态感知高效自动。实现对全省每年超过4万个项目的实时感知，和对全省近三年760亿元配电网资产投入的可评、可比，以及对全省3436亿元配电网

资产的运行状态的精细度量。国网扬州供电公司2022年达到省内先进及领先水平的指标由24项提高至30项。

（二）降损增收，经济效益成效显著

资产价值客观评价，投资配置精准合理。业务部门充分利用价值评价结果强化项目投资必要性审核，截至2023年7月底，全省范围内识别低效或连续亏损配电线路维修项目962个，压降低效、无效投资3.7亿元。运维投入稳步下降，资产效能持续提升。2020—2022三年间，国网江苏电力万元配电网资产运维费率从4.32%下降至3.75%，年均下降6.88%；万元配电网资产售电量年均增长8.97%。得益于资产效能的充分发挥，试点单位国网扬州供电公司部分地区2023年上半年实现电量增长10.55%。

（三）树立典范，服务社会健康发展

数智转型减负提质，管理创新引领发展。价值分析体系的构建全面带动能源企业财务管理创新实践。2022年，国网江苏电力"两融三智"数智化财务管理新体系荣获"未来财务先锋"年度大奖，以价值贡献量化评估为核心的投入产出价值地图获评第八届管理科学奖创新奖。民生保供坚强稳定，服务江苏"强富美高"。依托数智手段，优质高效服务全省用户。2022年，全省接电时长持续压减，电动汽车充放电网络高速公路全覆盖，建成城区3千米充电圈，完成新一轮农网改造升级，农网户均配电容量达到5.6千伏安，全省用户平均停电时间同比减少32.58%，客户服务满意度稳居公共服务行业榜首。能源转型加速推进，稳固支撑绿色发展。评价监督体系有效促进配电网建设向安全高效、清洁低碳、柔性灵活、智慧融合转型。2022年，国网江苏电力完成全省发电量5948.98亿千瓦时，其中新能源发电量901.55亿千瓦时，占全省发电量的15.15%，引领能源清洁低碳转型进程。

10

以服务新型电力系统建设为目标的电网项目、工程"两个前期"协同管理

创作单位（部门）：国网江苏省电力有限公司发展策划部、国网江苏省电力有限公司建设部、国网江苏省电力有限公司扬州供电分公司

主创人：高正平、高　松

参与创造人：徐健翔、曹俊杰、邵　林、窦　飞、陈松涛、黄　河、周　峰、朱俊铭、马　天、李　毅

荣获表彰：国网江苏省电力有限公司2023年度管理创新优秀成果一等奖

[摘要] 电网基建工程的前期管理工作意义重大，是落实国家能源转型战略部署、服务新型电力系统建设的重要支撑，是承载公司发展规划高效落地的基石，其工作成效直接关乎电网建设能否依法合规、和谐有序地推进实施。为此，国网江苏省电力有限公司发展部牵头聚焦电网前期工作的衔接、交圈难点，以服务新型电力系统建设和提升电网前期管理工作质效为导向，以数字化信息系统和系统化培训手册为支撑，构建并实施了电网项目、工程"两个前期"协同管理体系，对原本相对割裂的传统工作模式进行了融合重构、创新提升，通过强化顶层设计、优化管理职责、重塑业务流程等一系列措施推进管理模式迭代提升，形成了"高效协同、统筹兼顾、优势互补、有机融合"的电网前期管理工作新格局。通过不断探索实践，电网项目、工程"两个前期"协同管理体系从无到有、从有到全，切实促进了全省两个前期工作的深度融合，对于提升电网规划建设整体工作质效，发挥了至关重要的作用，更为公司加快构建新型电力系统提供了坚强有力的保障。

　　国网江苏省电力有限公司（简称国网江苏电力）是国家电网有限公司系统规模最大的省级电网公司之一，现有13个市、58个县（市）供电分公司和17个业务单位，服务全省4972万电力客户。国网江苏电力深入贯彻国家电网有限公司战略，聚焦能源转型，不断创新突破，高标准建成±800千伏雁淮、锡泰、建苏直流和1000千伏淮南—上海交流工程，形成"一交四直"特高压混联、"七纵七横"500千伏输电网的坚强网架，全面贯通1000千伏苏通GIL综合管廊工程隧道，成功投运白鹤滩入苏工程。近年来，国网江苏电力不断探索实践，面对日益复杂的外部环境和精益管理的内在要求，创新构建电网项目、工程"两个前期"协同管理理念、工作机制及保障体系，快速高效推进扬镇直流等一批重点工程前期工作，大幅压减前期工作周期，有效破解电网建设难题，为高标准建设新型电力系统、高水平服务强富美高新江苏建设奠定坚实基础。

一、以服务新型电力系统建设为目标的电网项目、工程 "两个前期"协同管理的背景

（一）适应国家政策形势的基本要求

　　党的二十大报告提出，"要积极稳妥推进碳达峰碳中和，深入推进能源革命，加快规划建设新型能源体系"。2023年6月2日，国家能源局正式对外发布《新型电力系统发展蓝皮书》，指出，新型电力系统是以确保能源电力安全为基本前提，以满足经济社会高质量发展的电力需求为首要目标，以高比例新能源供给消纳体系建设为主线任务，以源网荷储多向协同、灵活互动为坚强支撑，以坚强、智能、柔性电网为枢纽平台，以技术创新和体制机制创新为基础保障的新时代电力系统，是新型能源体系的重要组成和实现"双碳"目

标的关键载体。作为肩负重要政治责任、经济责任和社会责任的省级电力公司，服务好国家能源转型战略任务义不容辞。因此构建高效运转的"两个前期"协同管理体系，推动项目顺利落地，是适应国家政策形势、服务新型电力系统建设的基本要求。

（二）落实国家电网战略部署的重要支撑

国家电网有限公司秉承建设具有中国特色国际领先的能源互联网企业战略目标，积极服务"双碳"目标，制定并发布国内首个"碳达峰、碳中和"行动方案。实现"双碳"目标，能源是主战场，电力是主力军，新型电力系统建设是重要抓手，必须要保证特高压、新能源送出、重大输变电工程等电网项目顺利实施。前期工作是保障电网项目建设的重要前置性环节，工作成效直接影响电网项目建设工期，对新型电力系统建设各项工程的建设推进发挥了关键的基础性作用，以服务新型电力系统建设为目标，加强电网项目、工程"两个前期"协同管理，是落实国网战略部署、服务重大项目建设的重要支撑。

（三）保障电网项目落地的有力举措

电网项目前期工作涉及面广、政策性强、程序复杂、协调量大，面临的外部环境也日益复杂。一方面政府行政审批制度持续规范，支撑性协议涉及面逐步扩大，涉及的办理层级更加复杂，前期手续办理更趋困难；另一方面城市建设节约集约用地，站址廊道与城市规划的冲突不断增多，涉及水利、交通、铁路、航空等要求更高，选所选线更加困难。打造以服务新型电力系统建设为目标的电网项目、工程"两个前期"协同管理体系，整合公司内外部资源，发挥各专业综合协调优势，优化电网建设外部环境，是保障电网项目落地的有力举措。"两个前期"的协同管理是适应当前外部形势发展、顺应国土空间管控要求下的管理创新，是公司应对错综复杂的外部建设环境的主动作为和自我变革。

二、以服务新型电力系统建设为目标的电网项目、工程"两个前期"协同管理的主要做法

以提升电网前期管理工作质效为导向，聚焦电网前期工作的衔接、交圈难点，通过强化顶层设计、优化管理职责、重塑业务流程等一系列措施推进管理模式迭代升级，对原本相对割裂的传统工作模式进行融合重构，形成"高效协同、统筹兼顾、优势互补、有机融合"的前期管理工作新格局。

（一）强化顶层设计，构建管理体系

通过全方位深入调研和系统分析研判，明确工作目标和主要举措，健全协同工作机制，发挥各专业、各层级优势，高效构建"两个前期"协同管理体系。

1. 谋划实施路径，确定总体目标

将实现以服务新型电力系统建设为目标的电网项目、工程"两个前期"协同管理作为总体愿景，确保"两个前期"各项工作深度融合、协同共进，逐步建立形成并固化以顶层设计为根本、以职责优化为基础、以流程重塑为抓手、以融合目标为导向，辅以信息和培训支撑的"两个前期"融合管理工作模式，在横向上不断增强专业管理凝聚力，在纵向上不断增强专业管理穿透力，全面推动电网前期工作质效迈上新的台阶。实施路径图详见图1。

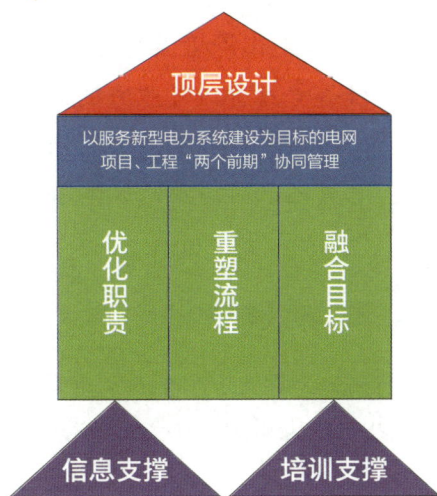

图1　两个前期融合实施路径图

2. 制定专项纲要，落实制度保障

国网江苏电力以《国网江苏省电力有限公司关于进一步加强内部协同、优化电网建设外部环境的通知》为指导文件，明确"分工明确、业务对接、协同联动、一口对外"，提出力争做到"一个领导、一班人马、一套方案"，先后编制了《电网基建项目可研前期阶段非核准行政审批环节关键风险点提示及工作指引》《国网江苏省电力有限公司可研设计一体化管理工作要点》《国网江苏省电力有限公司"两个前期"融合工作事项清单》等文件。各地市根据省公司框架指导，结合属地实际情况，制定地市公司两个前期融合方案并有序实施，探索强化"大前期"全流程管理、深化电网项目前期和工程前期融合、建立统一技术审查团队体系等工作。通过各地市实施情况总结，形成全省项目、工程"两个前期"协同管理体系。

3. 着眼核心要素，确立工作原则

聚焦前期工作关键环节，提出"核心规划意图、重大技术原则、前期工作人马、业务资源共享、重大风险辨识"五大核心要素，进一步优化完善前期工作机制，明确要求"两个前期"阶段坚持五大核心要素一以贯之，确保电网规划有效落地，保障电网项目高效推进。核心规划意图一以贯之，初步设计、施工图设计环节坚持系统设计方案不变更；重大技术原则一以贯之，深入推进可研设计一体化，加强发展和建设专业横向协同，保证重大技术原则"一个思路、一个准则、一个水平"；前期工作人马一以贯之，一套人马贯穿整个前期工作始终，保障工作深度及延续性；业务资源共享一以贯之，发展、建设、营销、设备等具有对外业务的部门、单位全力加强对外业务积累资源的合理共享，为电网基建项目的规划建设、项目高效落地提供支撑；重大风险辨识一以贯之，对涉及的风险事项做到过程留痕、书面交接。

（二）优化管理职责，确保内外协调

以建立"统分结合、责任明确、良性互动、优势互补"的工作体系为目标，从内部协同、外部联动、关键事项三个方面厘清职责。

1. 组建柔性团队，加强内部协同

深入分析并解决前期工作涉及的各专业管理目标分散、内部协同不足、外部沟通不畅等问题，以项目为载体，组建横跨公司内外、贯穿项目始终、囊括各专业角色的"两个前期"柔性团队。基层公司内部充分优化纵向管理资源，发挥属地优势，建立市、县（区）、供电所三级纵向联动机制，高效支撑"两个前期"对外支撑协议办理，全力压降各类政策风险。柔性团队常态化开展项目推进过程协调、问题风险分析、施工期问题回溯等工作，在团队角色个人绩效、业务水平、争先创优等方面实施创新激励考核，切实保障团队高效运转、项目稳步推进。在前期柔性团队的框架体系内明确基层单位内部发展、建设、营销、运行、施工及外部设计、咨询、电源用户业主等单位工作职责进行进一步优化与梳理，各部门的职责分工界面原则不变，工作内容适度深化。以核准制为基础，项目前期统筹考虑设备、建设、营销、调度等专业部门意见，主要办理电网项目核准对应前置条件之内的支持协议；工程前期提前介入，主要办理核准后、开工建设之前需要的支持协议。"两个前期"各相关部门工作职责详见表1。

表1 "两个前期"各相关部门工作职责

序号	部门	工作职责
1	发展部	负责牵头选所选线、可研报告编制，落实办理核准支持性文件（可研支撑协议），负责编制和管控可研前期工作计划，负责委托经研所开展可研评审（内审），负责在可研阶段对设计单位进行管理和评价。负责核准前柔性团队的建设和日常管理，根据项目需求，安排相关专业任务，建立常态沟通机制，对团队工作情况开展评价，根据需要开展团队成员动态调整
2	建设部	负责牵头项目初步设计报告编制与评审、施工图编制，参与选所选线、可研报告编制及评审，负责政处协调及落实办理工程前期（项目开工前）相关支撑性协议，负责在初步设计及施工图阶段对设计单位进行管理和评价。负责核准后、开工前柔性团队的建设和日常管理，根据项目需求，安排相关专业任务，建立常态沟通机制，对团队工作情况开展评价，根据需要开展团队成员动态调整
3	设备部	负责参与选所选线、可研及初步设计报告编制及评审，负责对变电检修、变电运维、输电运检、配电运检专业提出明确意见。负责对本部门柔性团队参与成员配备必需的资源保障，在人力、时间等方面全力支撑成员参加团队项目开发、评审等工作

续表

序号	部门	工作职责
4	营销部	负责参与可研及初步设计报告编制及评审，负责对计量专业、需求响应、重大用户停电专业提出明确意见，负责配合发展部、建设部对接属地政府落实相关前期协议。负责对本部门柔性团队参与成员配备必需的资源保障，在人力、时间等方面全力支撑成员参加团队项目开发、评审等工作
5	物资部	负责参与可研及初步设计报告编制及评审，负责对设备物料选型专业提出明确意见。负责对本部门柔性团队参与成员配备必需的资源保障，在人力、时间等方面全力支撑成员参加团队项目开发、评审等工作
6	调控中心	负责参与可研及初步设计报告编制及评审，负责对电网运方、继电保护、自动化、通信专业及停电方案可行性提出明确意见。负责对本部门柔性团队参与成员配备必需的资源保障，在人力、时间等方面全力支撑成员参加团队项目开发、评审等工作
7	项目管理中心	负责参与选所选线、可研及初步设计报告编制及评审，负责对项目施工可行性、停电范围可行性等方面提出明确的意见，并于项目可研阶段明确每个单体项目的具体项目经理。负责对本部门柔性团队参与成员配备必需的资源保障，在人力、时间等方面全力支撑成员参加团队项目开发、评审等工作
8	经研所	受发展部委托负责组织开展可研评审，参与选所选线、初步设计评审，负责落实网省公司可研评审技术要点。负责对本部门柔性团队参与成员配备必需的资源保障，在人力、时间等方面全力支撑成员参加团队项目开发、评审等工作
9	供服	负责参与可研及初步设计报告编制及评审，负责对配网涉及停电方案提出明确意见。负责对本部门柔性团队参与成员配备必需的资源保障，在人力、时间等方面全力支撑成员参加团队项目开发、评审等工作
10	设计单位	负责严格按照国家、行业、企业技术标准开展工程可研、初步设计、施工图设计，对可研和设计质量终身负责；参加相关设计协调、评审、收口等会议，配合发展、建设部落实"两个前期"阶段各类支撑协议办理。负责加强可研和设计全过程组织体系保障，加大各类要素资源投入，选派业务骨干参加"两个前期"柔性工作团队，保证前期建设全流程"一个设总、一班人马、一套方案"

续表

序号	部门	工作职责
11	咨询单位	负责根据前期工作需要，配合发展部、建设部对接资规、交通、水利、环保等政府主管部门、单位，征求工程有关专业意见，并按需取得相关支撑性协议。负责加大各类要素资源投入，选派业务骨干参加"两个前期"柔性工作团队
12	电源、用户	积极争取电源、业主单位在公司配套电网基建工程"两个前期"过程中，协助开展政策处理、前期手续办理等相关工作，充分调动内外部资源支撑前期工作顺利推进
13	县公司	具有属地性质的县（区）公司对在涉及属地范围的电网基建项目应全面参与"两个前期"各项工作，并负责办理属地内各类支撑性协议（主城区范围内盐都供电服务中心、三新公司等负责配合发展、建设部办理各类支撑性协议）。负责对本单位柔性团队参与成员配备必需的资源保障，在人力、时间等方面全力支撑成员参加团队项目开发、评审等工作
14	供电所	根据项目需要，配合市、县公司对接属地乡镇（街道），支撑落实相关前期协议，做好规划项目站址及通道走廊保护，协调处理属地内各有关事项，按需选派人员参与"两个前期"工作团队

2. 发挥专业优势，强化对外联动

整合规划、营销、设备等专业优势资源，以重要业扩、电源、杆迁等项目为契机，强化与各级地方政府沟通协调力度，将重点、难点电网项目纳入地方政府重点工程管控体系进行督办协调。全面梳理发展、建设、营销、设备等具有对外业务的部门、单位的外部业务资源清单，全力加强对外业务积累资源的合理共享，实现各专业口径外部业务资源的合力，为电网基建项目的规划建设、高效落地提供支撑。在合并办理相关前期支撑协议期间，发展、建设部充分协商，相互沟通，保持对外口径的一致性，同步完善沟通渠道及外部业务联系人清单，实现"两个前期"阶段的外部业务资源共享、共用。对外业务一览详见表2。

表2 "两个前期"关联部门对外业务一览

部门	市发展改革委	市自然资源和规划局	市人民政府、县区人民政府、园区管委会	市水利局	市住建局	市交通局	上海铁路局集团有限公司
发展部			电源及大用户接入电网				
设备部	配农网项目安排	小区规划方案审查	杆线迁移		自建小区验收	新建道路杆线迁移	新建铁路杆线迁移
营销部			招商引资项目用电接入需求	泵站用电接入方案制定	烂尾楼盘处置用电需求配合		铁路项目用电接入方案制定
调控中心	电网执行事故拉限电、超供电能力限电事项		新能源接入基于《电网运行准则》开展承载能力分析，提出建议并网点				

3. 建立融合清单，厘清关键环节

针对以往项目前期与工程前期外部事项办理衔接不充分、不全面，导致的项目方案变更、开工滞后等问题，国网江苏电力发展部牵头组织编制《国网江苏省电力有限公司"两个前期"融合工作事项清单》，实行清单化、台账式管理。清单将"两个前期"融合关键事项分解为土地性质、生态环境、矿产压覆、文物等16项具体工作，逐项进一步细化发展、建设、设计三个专业的工作要求及职责界面，在项目可研前期阶段做到支持性文件应办尽办，不具备办理条件的后续审批环节，也应确保后续工作人员深度提前参与、明确要求列支评估和措施费用，并将该16条事项的确认文件作为基层单位可研收口的依据，为后续审批工作顺利衔接做好支撑，有效提高整体工作效率，避免后期颠覆性风险。"两个前期"融合工作事项清单内涵图参见图2。

2个方面	工作要点			职责分工
3个专业	发展		建设	设计
16事项	土地性质	生态环境	矿产压覆	文物
	地灾	泄洪区	军事设施	铁路轻轨
	高速公路	管线	厂矿	林业
	航道水利	机场	政府共建	其他

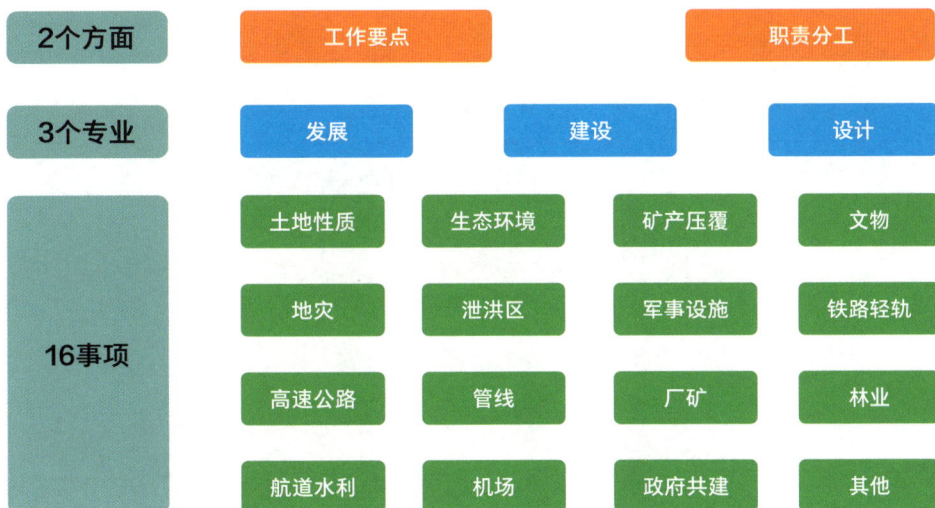

图2 "两个前期"融合工作事项清单内涵图

（三）重塑业务流程，提升工作效率

项目前期向后延伸，工程前期提前介入，从优化内外两个流程、加入可研中间评审环节、建立业扩提速模式三个方面促进两个前期协同管理体系高效运转。

1. 优化内外流程，压降业务时长

改变以往可研、设计及项目前期、工程前期均为串行开展的工作模式，进一步优化电网项目"两个前期"流程，按照"宜并则并"原则，合理并行内外两个流程，全面压减工作时长。外部流程中，将非核准行政审批关键环节、工程勘测定界前置，站址路径获批后，同步征询政府相关部门意见，办理各类支撑协议，同步勘测定界，按照模拟审批流程办理土地相关手续；内部流程中，通过深化可研初设一体化工作，在可研阶段同步开展初设工作，初设达到施工图设计深度，可研评审后即可开展初设内审，可研批复、核准后即可开展初设评审及施工图评审。"两个前期"协同管理流程详见图3。

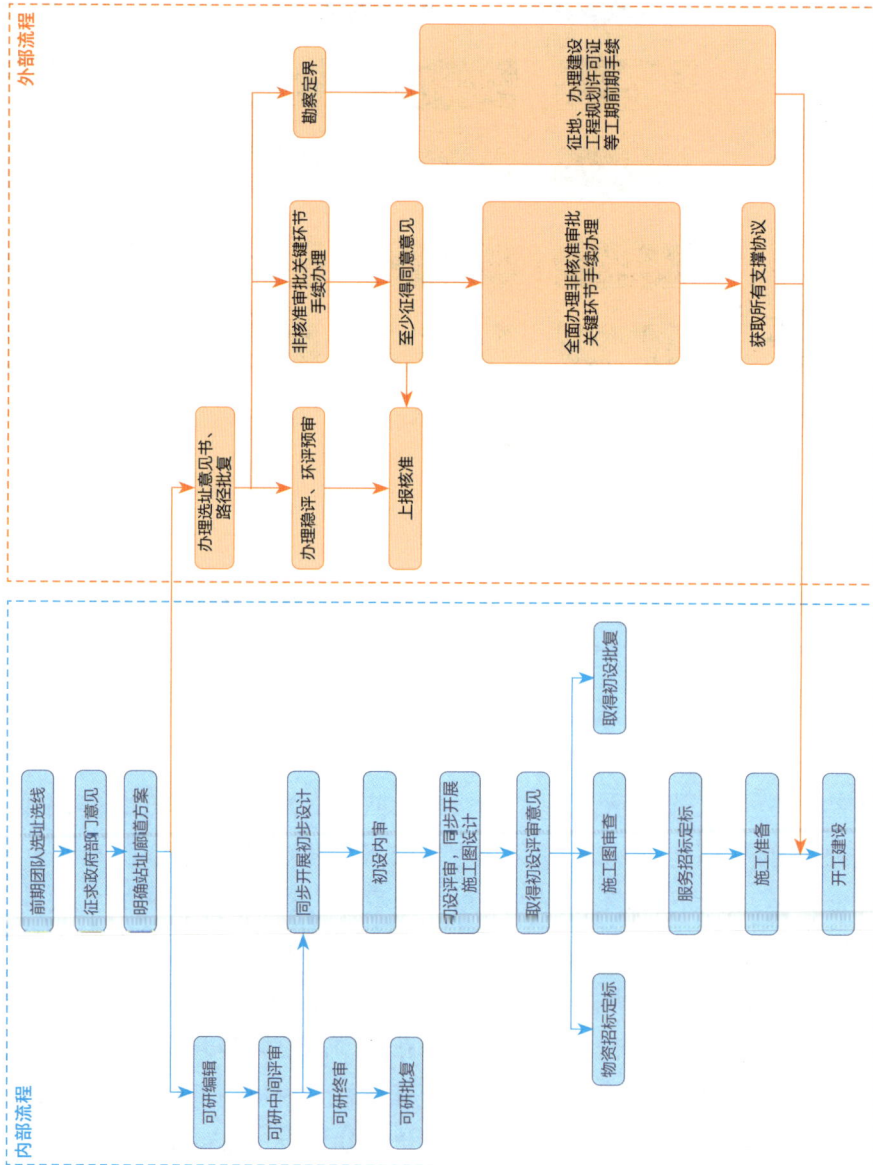

图 3 "两个前期"协同管理流程图

2. 优化可研评审，减少反复环节

进一步统筹可研方案和外部审批要求，建立可研中间评审工作机制，提前确定重大技术原则和主要工程方案，为优化外部协议办理节点和提前开展初设编制奠定基础。在可研正式评审前，增设可研中间评审环节，确定重大技术原则、主要工程方案，评审会议纪要作为后续深化开展工作的依据。项目通过可研中间评审后，发展、建设专业并行开展工作，发展专业按可研深度要求，组织可研编制和评审，办理项目前期协议；建设专业全面提前介入，按照初设深度要求，组织预初设编制和评审，提前组织办理工程前期协议或开展相关准备，避免初设正式评审前设计的大幅变更。

3. 优化业扩流程，加速项目落地

围绕《国务院办公厅转发国家发展改革委等部门〈关于清理规范城镇供水供电供气供暖行业收费 促进行业高质量发展意见〉的通知》（国办函〔2020〕129号）、《江苏省政府印发〈关于推动经济运行率先整体好转的若干政策措施〉的通知》（苏政规〔2023〕1号，简称苏政42条）要求，全力响应政府推动全省经济整体转好，国网江苏电力提速业扩前期流程，全力服务重大项目落地。根据电力工程政企共担管理机制，细化属地公司、政府部门的职责要求和节点时限，共同确保业扩工程加速完成，一方面充分发挥属地政府行政优势，接入工程线路相关规划、环评、稳评等前期手续由各级政府以属地公司名义办理，属地公司依据项目可研批复及相关前期材料整体上报核准；另一方面充分发挥属地公司电网建设经验优势，在接入系统方案确定后，辅助政府优化接入路径通道，确保经济技术最优，同时书面告知政府需办理的前期手续及注意事项。

（四）明确融合目标，整合资源优势

基于项目核准制和公司相关部门管理职责，以界面不变、职责清晰、协调有序为原则，从创建外部环境、提高可研精度、拓展前期深度三方面高标准明确项目、工程"两个前期"融合目标。

1. 争取有利政策，良好环境"一起创"

深度对接政府各级部门，精准把握政府关切面，凝聚政电合作共识，积极争取政府对电网工程的政策支持，全力营造良好和谐的政电合作环境。一

是解决全省变电站进站道路手续办理难题，发展部牵头多轮向省厅沟通汇报，积极争取省自然资源厅明确办理意见，后续规划建设的变电站，进站道路按照"应办则办"的原则，可与变电站用地同时办理预审，为后续工程开工建设扫清障碍。二是引导各地市公司获取有利政策，以重大专项激励、专业工作考核加分等多种形式鼓励各地市公司主动对接、定期走访各级政府相关部门，获取有利电网项目落地各项政策，如在城市道路建设时同步随路建设电力管道，有效预留并保护重点规划项目廊道资源；促请属地主管部门规范业扩配套、新能源接入等项目实施流程，明确政企共担职责分工，构建互利共赢的新型电力系统建设环境；三是促请政府出台相关文件，将重点电网项目纳入市重大项目，为地区电网项目及时核准提供保障和支撑等。通过争取各级政府有利政策，营造良好电网建设环境，解决后期工程建设难点问题。

2. 提高可研精度，各类障碍"一起清"

在可研阶段深化管理内涵，强化技术攻关，确保方案的技术合理性，项目风险大幅下降。一是深化选所选线，根据电网发展、运行要求，提前预估施工难度，明确重要跨越、下穿点位信息，优选站址、路径，避让"敏感雷区"，建立内部选所选线评审机制并形成书面意见，为前置办理相关行政审批手续提供支撑；二是深化可研设计，加强设计单位管理，提升设计单位支撑能力，在可研阶段逐项厘清项目设计工程要点以及主接线、总平布置、地基处理、关键塔位、大件运输等关键要素，合理评估征地、政处等费用并提供支撑材料，对外全面征求各级政府部门意见，提高项目可研精准性，避免工程后期出现颠覆性影响。

3. 拓展前期深度，支撑协议"一起办"

深入研究电网工程建设各项政策法规，整合规划前期资源，统筹推进项目开工前各项协议办理，打破核准前后协议办理流程相对割裂的不利局面，全面压缩项目开发至开工整体时长。一方面，对项目开发环节进行全面风险评估和预控，印发《电网基建项目可研前期阶段非核准行政审批环节关键风险点提示及工作指引》，发展部门适度延伸、建设部门提前介入，相关支撑协议能办尽办，建立"风险交接单"制度固化管理要求，有效防范因深度不足在工程建设阶段出现颠覆性影响；另一方面，加速项目核准后合规手续办理，促请政府主管部门在电网基建工程行政审批中创新运用"模拟审批"模式，项目核准后，在缺少初设批复等文件的情况下，即可将项目相关资料组卷提报，政府主管部门"容缺受理"，在工程用地批准手续完成后，1个工作日内实现建设用地规划许可证、不动产权、建设工程规划许可证、审图合格证、建筑工程施工许可证等"五证齐发"，确保项目拿到土地即可开工建设。拿地及开工实施方案部分内容参见图4。

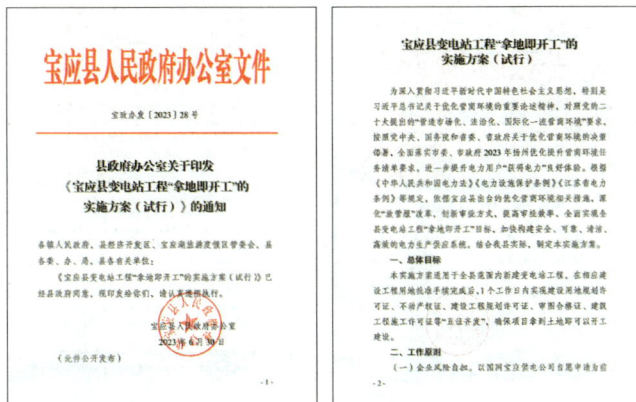

图4　拿地及开工实施方案部分内容

（五）加强信息支撑，服务业务管理

开发项目前期全流程管理信息系统，固化专业管理流程，通过智能引导、过程预警等信息化模块全面支撑两个前期协同管理，提升前期工作管理质效。系统功能架构详见图5。

1. 全流程智能引导，辅助前期工作开展

通过全过程智能流程引导，自动生成不同类型项目所涉及环节的最优业务处理流程，便于前期工作人员快速了解各流程节点关键工作要素及执行方案。依靠系统生成的主流程及6个子流程的流程指引，辅助前期工作人员规范、高效推进各类前期工作。系统辅助生成的主流程及部分子流程详见图6。

2. 全过程环节预警，降低前期延期风险

针对前期工作过程中6个子流程83个环节项目时序进展，进行全过程智能化管控，对前期关键环节已延期或即将延期的项目进行自动预警，实时提醒前期工作人员加快前期进度，加强对业务全过程的管控能力，降低前期工作延期风险。

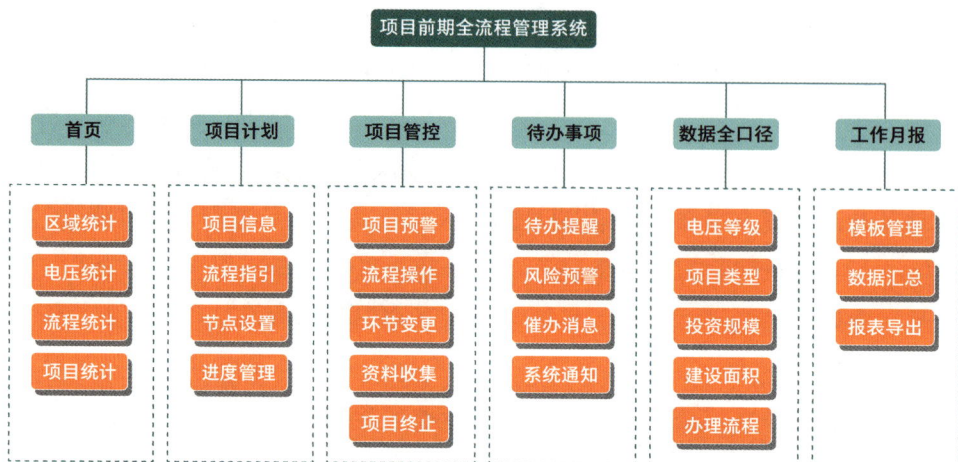

图5 项目前期全流程管理信息系统功能架构图

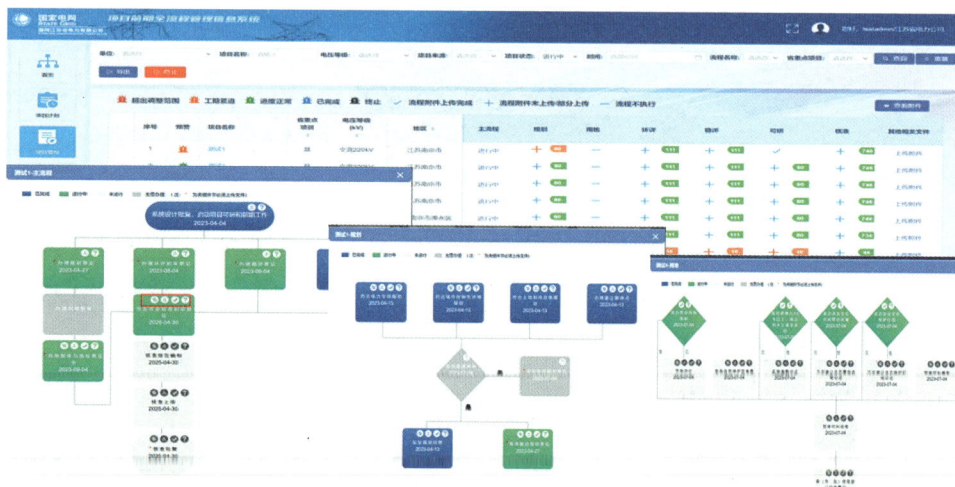

图6 系统辅助生成的主流程及部分子流程

3. 全口径数据分析，提高前期管理能力

系统通过项目所在地区、电压等级、项目类型等维度，对全省的项目前期工作情况进行全口径统计，以数字化的方式，直观呈现各地市公司的项目前期工作时序进展，并自动生成前期工作月报，大幅提高前期工作人员工作效率，提升前期管理水平。全省发展部业务四大节点统计图详见图7。

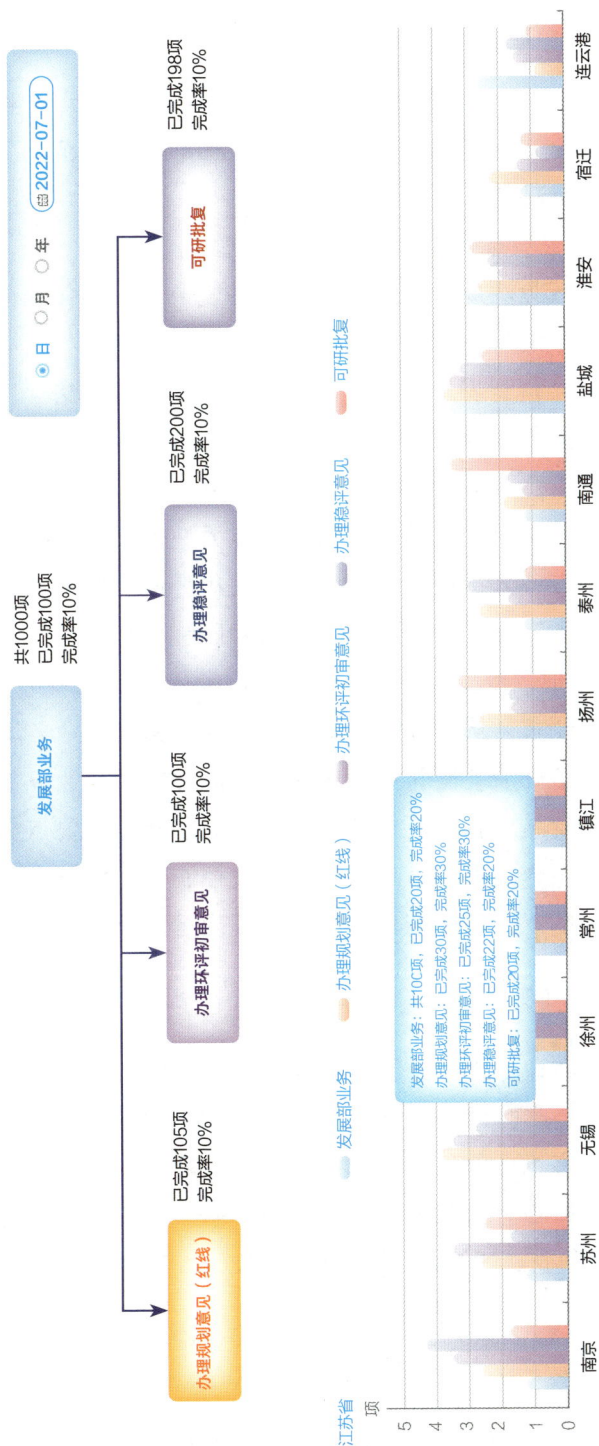

图 7 江苏省省发展部业务四大节点统计图

（六）开发系列教材，完善人员培训

为实现项目前期工作同质化管理，避免前期工作人员政策理解上的分歧、业务工作的偏差，组织编制了"系统化、标准化、规范化"前期工作培训教材，切实提升前期专业水平。

1. 政策法规释义，确保前期工作依法合规

收集整理相关政策法规并组织开展相关法规条文标准化释义，统一全省前期专业对法规条文的理解和执行，编制项目前期培训教材政策法规分册，提高前期工作人员合规意识。该分册包含国家法规、省级法规、规范性文件以及网省公司相关工作要求，主要分为两方面内容。一是核准前规划意见、用地预审选址意见、稳评及环评初审意见等4项主要环节，主要服务于核准前项目前期专业；二是地灾、文保等12项非核准关键关节，主要服务于两个前期协同管理。前期专业人员可通过查阅政策法规分册，根据业务发展需要，精准定位政策法规涉及的对应条款，依法合规开展前期工作。

2. 业务工作手册，推动前期人员专业提升

规范前期工作要求，从业务流程及注意事项方面编制业务工作分册，全面指导前期工作规范开展，同时可以快速培育前期新人。业务工作分册从前期人员应关注的可研技术要点、外部手续办理流程及办理要点出发，梳理了各业务环节流程的工作概要、管理流程、风险控制、操作要点、技术要求等内容。对于项目前期工作的标准化和同质化管理具有重要意义，有效提升前期专业整体水平。

3. 典型案例汇编，保障前期工作经验传承

结合政策法规和业务工作分册，编制典型案例分册，通过具象化的案例指导前期人员工作。典型案例分册分为四部分，主要包括核准前项目前期4项主要环节、非核准审批12项关键环节、两个前期融合三方面典型案例以及各类协议及过程文件模板。前期工作人员对照业务手册以及典型案例，可在前期工作开展中对照执行，避免各类隐患及项目后期发生颠覆性影响。

三、以服务新型电力系统建设为目标的电网项目、工程"两个前期"协同管理的效果

（一）实现前期工作质效显著提升

通过研究构建以服务新型电力系统建设为目标的电网项目、工程"两个前期"协同管理体系，促进了全省两个前期工作的深度融合，该项目创新管理方式，对项目前期、工程前期传统割裂的工作模式进行了融合重构，通过优化顶层设计、统一管理目标、压实责任体系等一系列措施开展管理模式优化提升，总结了"核心规划意图、重大技术原则、前期工作人马、业务资源共享、重大风险辨识"五个"一以贯之"的全过程业务流深度融合的管理思维模式，使得前期管理更加系统全面。本课题构建了新形势下两个前期工作质效提升模式，完善管理职责，优化两个前期融合公司内部、外部业务流程，建立全面培训体系，通过信息化手段全面管控"两个前期"全流程工作事项，压减项目整体前期工作周期，推动公司电网基建项目高质量规划建设落地，常规模式下可研批复至开工时间为10～15个月，运用两个前协同管理模式后，减少了内部的推诿扯皮和对外界的重复沟通协调，将前期工作周期有效压缩4～5个月，管理效率提升了30%～35%。

（二）推动电网投资效益明显提高

本课题进一步优化了原本的项目前期、工程前期单一串行的管理模式，推动工程前期提前介入，在提高公司各专业横向协同水平的基础上，更加高效地开展工作，同时在可研源头排除了土地性质、生态环境、矿产压覆盖等16类潜在风险点，进一步压降项目发生重大变更的概率，确保了项目实施的质量和效益。本课题两个前期协同管理模式将工程前期相关关键环节提前至项目前期开展，共同论证选所选线方案可行性，提前预估施工难度，明确重要跨越、下穿点位信息，提前评估赔青、政处、砍伐等费用，提高项目可研精准性。2022年至今，本课题成果已应用于全省117个实际工程，在可研源头累计排除潜在风险点537项，节省工程投资近10亿元，同时在后期建设阶段无一例出现颠覆性影响，无一例初设概算超可研。

（三）助力新型电力系统有效落地

通过开展以服务新型电力系统建设为目标的电网项目、工程"两个前期"协同管理，有效破解了电网建设难题，及时投产白鹤滩入苏特高压直流工程，快速高效完成扬镇直流输电等示范工程前期工作，有力推进了全省新能源的有效消纳，积极服务碳达峰、碳中和目标，形成了政府、社会、企业支持电网、共建电网、共享电网的良好局面，对于加快新型电力系统建设具有重要意义。电网项目前期工作高效协同管理，各项工程提前避开生态红线、基本农田、自然保护区等生态保护重点区域，减小土地、林木等核心资源占用，加速推进电网基建项目顺利落地，充分发挥了供电企业公共服务职能，树立了全力助推地方经济绿色可持续发展的良好形象，彰显了央企的责任担当。

11

省级电网企业基于"选育用管"全链条的优秀年轻领导人员储备管理

创作单位（部门）：国网江苏省电力有限公司党委组织部

主创人：方 泉、祝和明

参与创造人：孙咸凯、孙 涛、杨逸飞、杜元翰、孙艺冰、
曹远见、李 正、郭 栋、翟西伟、邓 涛

荣获表彰：国网江苏省电力有限公司2023年度管理创新优秀
成果一等奖

[摘要] 为贯彻好新时代党的组织路线、保障企业高质量发展、解决组织人事工作的现实问题，国网江苏省电力有限公司健全发现培养选拔优秀年轻领导人员常态化工作机制，推进基于"选育用管"全链条的优秀年轻领导人员储备管理建设。承接战略布局，坚持系统谋划，明确储备管理建设方案、路径和目标；以战略储备为基础，明确储备对象规模结构、资格程序，构建储备对象两级四库，建设年轻干部有序流动"蓄水池"；以精准培养为关键，实施分层分级全员轮训、一人一策精准培养，提高年轻干部堪当重任"硬实力"；以科学使用为根本，树立鲜明导向，精准知事识人，大胆选拔使用，提供年轻干部干事创业"大舞台"；以从严管理为引领，健全考核评价，强化严管厚爱，坚持优进绌退，培育年轻干部健康成长"生态林"；同时，深化组织体系、制度建设和数智赋能，构建长效保障运行机制；培养出了一大批想干事、能干事、干成事的优秀年轻干部人才，队伍建设工作质效大幅提升，人才成长发展动力不断增强，有效激发广大干部人才干事创业热情，促进企业经营效益持续提升，彰显央企的良好社会形象。

国网江苏省电力有限公司（简称国网江苏电力）是国家电网有限公司系统规模最大的省级电网公司之一。国网江苏电力现有13个市、58个县（市）供电分公司和17个业务单位，服务全省4972万电力客户。荣获全国脱贫攻坚先进集体、国资委国有重点企业管理标杆企业。江苏电网拥有35千伏及以上变电站3316座、输电线路10.8万千米。满功率安全运行锦苏特高压直流，建成±800千伏雁淮、锡泰、建苏直流和1000千伏淮南—上海交流工程，形成"一交四直"特高压混联、"七纵七横"500千伏输电网的坚强网架。创新构建大规模源网荷储友好互动系统，建立起我国特有的柔性精准控制负荷形成的"虚拟电厂"。全面贯通1000千伏苏通GIL综合管廊工程隧道。成功投运苏州500千伏UPFC示范工程。客户满意率保持99%以上，供电质量全国领先，是年户均停电时间最少的省份之一。2022年，江苏全社会用电量7399.5亿千瓦时，同比增长4.2%。售电量6461.2亿千瓦时，同比增长4.3%。营业收入4181亿元，同比增长15.3%，利润60亿元，资产总额3344亿元。综合线损率下降至3.07%。电费回收率100%。全年全网最大负荷86天过亿千瓦、最高1.31亿千瓦。业绩考核连续十一年保持国家电网系统第一名，公司和电网发展迈上新台阶。

一、省级电网企业基于"选育用管"全链条的优秀年轻领导人员储备管理的背景

（一）贯彻新时代党的组织路线的客观需要

党的二十大报告指出，要抓好后继有人这个根本大计，健全培养选拔优秀年轻干部常态化工作机制，把到基层和艰苦地区锻炼成长作为年轻干部培养的重要途径。2023年全国组织工作会议传达了习近平总书记的重要指示，强调要着力建强堪当民族复兴重任的高素质执政骨干队伍，加快建设世界重

要人才中心和创新高地，持续深化模范部门和过硬队伍建设，不断提高组织工作质量。习近平总书记的系列重要指示为新时代党的建设和组织工作指明了前进方向，也为持续深化过硬队伍建设提出了新的更高要求。干部人才队伍作为推动各级组织高质量建设的核心力量，直接牵引着各项事业稳进提质发展。因此，建强干部梯队，统筹人才储备，形成优秀年轻干部人才脱颖而出的机制体系，是贯彻新时代党的组织路线，服务国家重大战略，推进事业守正创新、提质增效，鼓舞队伍踔厉奋发、勇毅前行，实现向第二个百年奋斗目标进军的关键驱动与迫切需要。

（二）支撑国家电网有限公司高质量发展的迫切需要

电网企业是关系国民经济命脉和国家能源安全的国有重点骨干企业，干部人才队伍是发展壮大国有企业的"关键少数"，队伍建设成效直接关系到企业长远发展。长期以来，国网党组高度重视干部人才队伍建设，围绕"四优五过硬"领导班子和高素质专业化干部人才队伍建设目标，近年来相继制定《领导人员队伍建设"十四五"规划纲要》《关于进一步加强干部人才队伍建设的意见》等文件，为优秀年轻领导人员选育用管提供了明确的指导意见和实施思路，建立健全发现培养选拔优秀年轻干部的常态化工作机制。在2023年春季党校中青年干部培训班开班典礼上，辛保安董事长指出，要始终坚持正确选人用人导向，大力发现培养选拔优秀年轻领导人员，对在关键时刻和急难险重任务中经受住考验、表现突出、作出重大贡献的年轻领导人员，及时大胆提拔使用。对照国家电网有限公司对优秀年轻领导人员队伍建设的更高要求，国网江苏电力应大力发现、培养、使用优秀年轻领导人员，为战略落地提供坚强人才支撑。

（三）解决组织人事工作现状问题的现实需要

作为国家电网有限公司系统排头兵，国网江苏电力一直保持着争先领先率先的发展态势，治理体系不断优化，管理水平持续提升，这都离不开干部人才队伍的担当作为、带头示范。然而这些成果的背后，也隐藏着一些需要关注的问题。一是优秀年轻领导人员储备不够，从源头开始的体系性培养力度不大，青年员工自由成长周期偏长，干部人才一体化培养的"全链条"机制尚未建立。三级领导人员队伍平均年龄49.4岁，整体年龄偏大，在27家网省公司中排名处于中后段。其中，三级领导人员中40岁及以下占比3.3%，45岁及以下正职仅占9.5%，与"十四五"目标差距较大。40岁左右三级正职5人，尚未达到"十四五"目标的一半。二是领导人员基层岗位历练不够，部分年轻领导人员岗位履历单一，组织驱动式"一人一策"精准培养举措落实不够，在关键岗位选人用人时可选择的备选数量不多。45岁左右三级正职具有行政一把手岗位或两个及以上主营业务经历的偏少，在更高层次上竞争力不够。40岁左右三级副职多岗位、关键岗位历练不够，具有2个及以上三级领导岗位经历仅9人。35岁左右四级领导人员普遍经历单一、墩苗不充分，76名85后四级正职中仅24人具有业务岗位和综合岗位交叉任职经历，仅4人具有县公司主要负责人经历。68名90后四级副职中仅13人具有2个及以上多专业岗位经历，仅7人具有县公司负责人经历。三是领导人员队伍年龄衔接不畅、专业不平衡，电网核心专业人员相对充足，占比达70%，但数字化、信息化、财务审计等专业人才的系统谋划和长期储备还有不足。三级领导人员平均年龄49.6岁，四级领导人员平均年龄45.5岁，与五级领导人员、青年员工年龄未拉开合理差距，各级梯队年龄整体存在脱钩现象。电网主营专业领导人员相对充足，具有新兴产业、金融、国际等专业经历的人才较少。综上，优秀年轻领导人员储备不够、历练不够；领导人员队伍年龄脱钩、专业不平衡，将不可避免的导致战略决断能力不足、推动执行能力欠缺、企业发展受限等问题，故需从战略高度出发，为各级优秀年轻领导人员培育涵养"生态圈"，以高素质人才支撑保障企业高质量发展。

二、省级电网企业基于"选育用管"全链条的优秀年轻领导人员储备管理的主要做法

（一）承接战略布局，明确储备管理建设方案

1. 把握战略内涵，明确建设目标

落实国家电网有限公司以"一体四翼"高质量发展全面推进具有中国特

色国际领先的能源互联网企业建设目标，国网江苏电力提出坚定不移在"一体四翼"高质量落地"站排头、当先锋、作表率"，"事业发展，关键在人"，领导干部是事业发展的中坚力量，是决定企业未来事业成败的"关键少数"，要求国网江苏电力必须以"强烈使命、远大目光、过硬担当"，战略储备一批"数量充足、本领过硬、结构合理"的优秀年轻干部梯队。

2. 全面调查研究，汲取经验做法

坚持目标导向、问题导向，按照上下结合、由浅入深、以点带面的调研思路，灵活运用实地调研、专题座谈、延伸了解、现场服务等多种调研方法，围绕"储备管理"主题，国网江苏电力先后召开2次专题座谈会，精心挑选地市公司、直属单位、县公司主要负责同志和地市公司人资部主任共计23人作为座谈代表，实现座谈对象地域全覆盖、层级全涵盖，听取各层各级73条意见建议。赴本部24个部门、35家基层单位进行谈话调研1074人次，重点就储备管理广泛征求基层意见建议。同时，深入剖析上海市委组织部选调生"源头工程"、西门子管理培训生实践、华为干部队伍继任管理等先进经验做法，为国网江苏电力系统谋划、科学建立优秀年轻领导人员储备管理体系提供了理论支撑和实践指导。

3. 坚持系统谋划，确定建设路径

国网江苏电力在充分研究基础上，立足企业实际，坚持守正创新，明确了新时期年轻领导人员储备管理建设路径。坚持系统规范、公平公正、聚焦战略、统筹联动工作原则，以储备管理制度为牵引，健全优秀年轻领导人员储备管理体系，建立优秀年轻干部"战略储备、精准培养、科学使用、从严管理"全链条机制，破解国网江苏电力当前干部队伍建设中存在的优秀年轻干部储备不够、干部基层岗位历练不够等方面问题，推动干部选用从满足"近期需要"向重视"战略储备"转变、干部培养从"自由成长"向"精准培养"转变，强化"组织运转、管理制度、数字赋能"长效保障，形成"组织培养、个人努力、企业支持"的良好生态，从源头开始体系性地构建数量充足、素质优良的优秀年轻领导人员队伍，为实现企业新时代战略目标提供坚强组织保障和人才支撑。

省级电网企业基于"选育用管"全链条的优秀年轻领导人员储备管理的建设思路如图1所示。

图1　省级电网企业基于"选育用管"全链条的优秀年轻
领导人员储备管理的建设思路

（二）强化组织牵引，推进储备管理落地实施

1. 建强组织体系，统筹多维联动

压实各级党委主体责任。明确各级党委主要负责人为优秀年轻领导人员储备管理第一责任人，班子成员为分管领域第一责任人，坚持系统谋划推进，一级抓一级、层层抓落实，从严查处储备对象管理工作中的违规问题和不正之风，严肃追究失职失察责任。压实各级组织部门直接责任。建立工作通报机制，对工作不力、推动缓慢的单位及时提醒、督促整改，对年轻领导人员选用乏力、培养成效不佳的单位实施情况预警、调整前预审等措施，对

违反相关管理规定的单位和个人严肃问责。压实各级专业部门协同责任。坚持管专业必须管队伍，将管事和管人相结合，在条线梯队建设、专业能力培养、日常管理监督、信息互通共享等方面，加强与组织部门的深度互动，实现组织效能最大化。

2. 坚持制度先行，确保系统规范

完善制度体系。坚持系统思维，与员工培养体系有序衔接，印发《优秀年轻领导人员储备管理实施办法（试行）》（见图2），各级单位因地制宜制定实施细则，建立1+N的储备管理制度体系，将储备管理融入国网江苏电力的人才培养大体系中，形成全职业生涯管理的人才培养模式。加强宣贯指引。通过月度会、组工例会、信息专刊等平台，采用汇报展示、海报手册、楼宇视频等方式，宣传储备对象管理理念，向组工人员阐释具体做法，帮助干部职工解放思想、提高认识，推进储备对象管理理念深入人心。建立评价机制。把优秀年轻领导人员储备管理工作成效纳入各级单位党建工作绩效考核、领导班子和领导人员年度考核体系，并作为各级单位选人用人工作"一报告两评议"的重要内容，推动各级单位主动维护风清气正的选人用人生态。

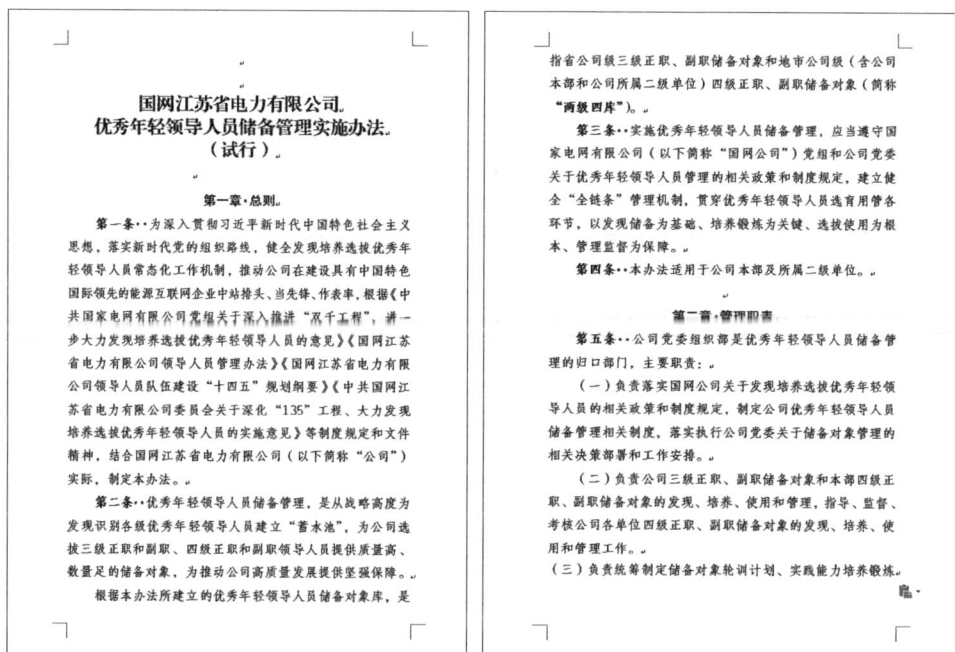

图2 《优秀年轻领导人员储备管理实施办法（试行）》节选

3. 实施数智赋能,推动公正公信

储备对象信息纳入信息平台。深化信息技术在储备对象管理中的应用,将储备对象的基本信息、履职表现、监督事项等信息,采用结构化的典型特征描述语言和支撑验证实例,完整纳入智慧知事识人信息平台,破除专业间的数据壁垒,实现数据标准统一、互联互通,为信息的分析整合奠定基础。即时盘点储备对象整体情况。借助智慧知事识人平台,根据需要对"两级四库"储备对象整体情况进行灵活盘点,对不同专业的储备管理情况进行比对分析,提高信息整合分析效率,及时发现问题短板,提出改进工作建议,助推储备管理工作成效提升。科学研判储备对象成长状态。坚持全方位、一贯性的研判原则,通过对储备对象的关键特征进行实地验证分析,融会贯通其一贯表现;通过CPI全面个性测评跟踪评估其个性特点和成长状态,实现对其能力素质的精准画像,为全面立体考评、精准科学培养提供依据,为公司党委选人用人提供更大支撑。

智慧知事识人信息平台界面如图3所示。

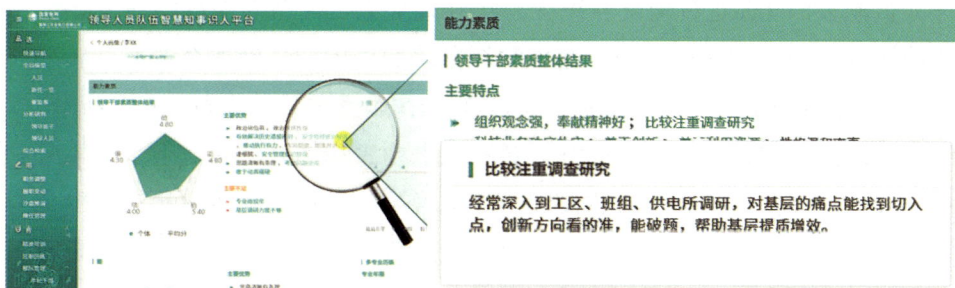

图3 智慧知事识人信息平台界面

(三)以战略储备为基础,建设年轻干部有序流动"蓄水池"

国网江苏电力立足新时代新战略新要求,统筹考虑公司发展、队伍结构优化和领导人员职业发展需要,遵循领导人员队伍建设客观规律,大力推进优秀年轻领导人员战略储备管理,努力打造具有中国特色国际领先的能源互联网企业人才高地。

1. 坚持一体贯通，构建储备对象"两级四库"

顶层设计、远近结合。在"谋远"上下功夫，既满足近期需要，更锚定长远发展，着眼企业未来5年高质量发展需要，战略储备一批有发展潜力的优秀年轻领导人员，为公司发现识别各级优秀领导人员建立"蓄水池"。分级推进、有机衔接。组织各单位结合自身实际制定相应管理制度，省市县一体化协同推进领导人员储备管理，按照干部管理权限对省市三级正职、副职和四级正职、副职（两级四库）储备对象进行发现储备，对非本级单位党委直接管理的储备对象，指导做好培养锻炼、选拔使用、从严管理。上下贯通、横向协同。加强组织领导、强化团队支撑、落实制度引领，以专业部门、业务单位自身职责为主要划分点，细化明确公司组织部、人资部、党校及各储备对象所在单位党委及专业部门职责分工，压实省市县各层各级管理职责，充分发掘各业务版块、各专业条线的优秀人才。

2. 聚焦规划引领，科学确定储备规模结构

数量规模保证"供应充足、选择充分"。统筹考虑企业未来发展需要，考虑未来五年干部退出情况，科学研判划分结构，在数量规模上，按照各级领导人员职数的50%左右确定各级优秀年轻领导人员储备对象的数量规模，做到使用有来源，选择有空间，缩短填补空缺职位周期，确保企业经营管理连续性，为企业源源不断地输送人才。年龄结构做到"分布均衡、青蓝相继"。结合各级队伍现状特点，在抓好储备对象老中青相结合的基础上，对年轻和年龄较大的储备对象人数占比设限，促进各层各级加快储备数量充足的优秀年轻干部人才，始终满足各级领导班子老中青梯次搭配要求，推动领导人员队伍青蓝相继、堪当大任。专业结构力求"战略匹配，统筹推进"。建设与"一体四翼"战略布局高度匹配的储备队伍，满足电网核心专业领导人员用人需求，加快"四翼"专业人才储备，按照岗位需求实施战略储备的理念，设置安全生产、市场经营、党建综合三大专业，统筹推进三大专业储备管理，培养一批专家型、创新型优秀年轻领导人员队伍。

储备管理对象规模结构示意如图4所示。

数量规模"供应充足、选择充分"
- 按照各级领导人员队伍职数总量的50%左右确定
- 注重基层优秀干部人才的储备
- 注重优秀女同志、少数民族同志的人才储备

专业结构"战略匹配，统筹推进"
- 三级正职储备对象：安全生产（40%）、市场经营（30%）、党建综合（30%）
- 三级副职储备对象：安全生产（40%）、市场经营（30%）、党建综合（30%）
- 四级正职储备对象：安全生产（50%）、市场经营（30%）、党建综合（20%）
- 四级副职储备对象：安全生产（50%）、市场经营（30%）、党建综合（20%）

年龄结构"分布均衡、青蓝相继"
- 三级正职储备对象：40岁左右及以下占比原则上不低于10%，50岁及以上占比原则上不高于30%
- 三级副职储备对象：35岁左右及以下占比原则上不低于10%，45岁及以上占比原则上不高于30%
- 四级正职储备对象：32岁左右及以下占比原则上不低于10%，45岁及以上占比原则上不高于30%
- 四级副职储备对象：30岁左右及以下占比原则上不低于10%，40岁及以上占比原则上不高于30%

图4　储备管理对象规模结构示意图

3. 严把资格程序，始终保证储备源头质量

严格资格条件，坚决守住"底线"。充分发挥党组织的领导和把关作用，设置学历、职称、绩效、任职年限等七项基本资格条件，突出政治标准、专业能力和工作实绩，在此基础上根据民主推荐排名情况，在档案核查、征求纪检部门意见后，进行综合分析研判，确保储备人选德才兼备、干事干净。严密组织程序，防范管理"漏洞"。采用"会议推荐+谈话推荐"交叉方式，公布储备对象人选资格条件、数量和推荐范围，提出有关要求，组织填写推荐表。根据会议推荐、谈话推荐情况，结合日常考核评价和年度考核评价结果，进行综合分析研判，报党委研究后形成储备对象库。明确破格情形，杜绝视野"死角"。对在关键时刻或急难险重任务中经受住考验、表现突出、作出重大贡献的，在条件艰苦、环境复杂、基础薄弱的地区或单位工作实绩突出的，在领导人员年度综合考评中，连续3年排名在同层级领导人员中前1～2名的等类型的人员明确可破格列为储备对象，始终保持优秀年轻领导人员储备发现的开阔视野。

储备管理对象资格条件及产生程序示意如图5所示。

严格资格条件，坚决守住"底线"
- 新时期好干部标准和国企领导人员"20字"要求
- 大学本科及以上学历
- 中级及以上专业技术资格
- 近3年绩效等级积分累计达到4.5分且上年绩效等级达到B级及以上
- 在相应职级实职岗位任职满1年
- 提拔使用后任职时长至少能任满3年
- 具有正常履行职责的身体条件

明确破格情形，杜绝视野"死角"
- 作出重大贡献
- 工作实绩突出
- 年度综合考评，连续3年前1~2名
- 3年绩效累计积分达到6分
- 省公司级及以上专家
- 其他经公司党委研究可以破格的情形

严密组织程序，防范管理"漏洞"
- 组织民主推荐　- 形成建议名单　- 党委研究决策

图5　储备管理对象资格条件及产生程序示意图

（四）以精准培养为关键，夯实年轻干部堪当重任"硬实力"

国网江苏电力坚持事业发展与干部成长相结合，实施系统性的培训培养举措，深化组织驱动牵引作用，实施一人一策精准科学培养，有计划、分层级地重点抓好储备对象政治力、领导力素质培训，有组织、针对性地开展岗位历练，切实加强储备对象全方位能力提升。

1. 构建"一人一策"，定制开展跟踪培养

实施"一人一策"精准培养。对储备对象分层级逐人建立"成长档案"，纳入智慧知事识人体系，根据个人特质、专业能力、工作经历和发展潜力等，因人而异逐一研究提出中长期培养目标、阶段性岗位历练任务，有组织、有针对性地开展储备对象培养历练。科学跟踪记录培养成效。全面记录储备对象基本信息、个性特征、工作实绩、学习培训、实践锻炼等情况，及时收集掌握不同时期、不同岗位培养锻炼期间的现实表现和成长情况，为客观、辩证地考察识别和选拔使用优秀年轻领导人员提供坚实基础。深化组织联动上下贯通。坚持上下联动、横向协同、远近结合，压紧压实各单位、各层级、各专业队伍建设责任，统筹部署覆盖各层级储备对象，做到一体贯

通、有机衔接、精准施策,一张蓝图绘到底,一任接着一任干,推动形成协同联动、共建共享、协调发展的省市县一体发展格局。

2. 实施分层分级,统筹抓好理论强基

实施分层分级全员轮训。结合公司发展、专业提升、干部成长需要,分级对储备对象实施综合素质轮训,对于不同群体需求有针对性地开展差异化培训,确保三级、四级储备对象在1~3年内完成轮训,并与青干班、青马班、"三英班"等有序衔接,实现储备对象全覆盖、培训资源全链接、能力提升全方位的良好效果。丰富培训内容形式。根据战略落地实践和储备对象素养提升需要,按照"干什么学什么、缺什么补什么"原则,围绕党的领导、战略布局、改革攻坚、新技术新业态、企业科学管理等设置个性化课程,将线下培训和线上学习相结合,通过"菜单式"选学、"案例式"教学、"情境式"研学和"走出去"实景研讨等形式,切实提升培训的精准度、实效性、穿透力。抓好重点能力提升。重点抓好储备对象政治力、领导力培训,强化理想信念教育和党性锻炼,持续提升理论素养,将习近平新时代中国特色社会主义思想教育和党的二十大精神学习宣贯作为重中之重,不断提高政治判断力、政治领悟力、政治执行力。围绕公司发展战略,加强党中央、国家电网有限公司和公司重大决策部署、政策法规培训,以及现代科学管理理念、新知识新技术培训,同时不断丰富外部培训学习资源,积极引导各级储备对象走出去,向知名国企、民企等学习先进经验,拓展格局视野,更新管理理念,提升推动企业持续高质量发展的能力。

3. 加强组织驱动,深化实践历练赋能

突出基层实践。深入推进储备对象在本部与基层双向挂实职锻炼,没有基层单位任职经历的本部储备管理对象,原则上都要有计划地安排到基层任(挂)实职锻炼。强化省市县统筹,各基层单位积极选送储备对象参加国家电网有限公司、省公司组织的东西帮扶、挂职,地市公司定期选拔一定数量的储备对象,与所属县公司五级领导人员进行双向挂实职锻炼。强化岗位历练。对重点关注的储备对象,加强多岗位历练培养,优化干部成长路径。加大储备对象跨层级、跨专业、跨区域交流力度,注重党建岗位和业务岗位的交流任职,一般每年储备对象实践锻炼比例要达到对应层级总数的15%左右或以上。加强作风锤炼。有计划地选派储备对象到困难艰苦地区、急难险重任务一线和关键吃劲岗位历练，注重在重大斗争中磨砺干部，促使其加强斗争精神和斗争本领养成，增强防风险、迎挑战、抗打压能力。把援藏援疆援蒙、推动乡村振兴、国际业务外派等作为意志品质培养和作风锤炼的重要平台，推荐人选原则上从储备对象中遴选产生。

（五）以科学使用为根本，提供年轻干部干事创业"大舞台"

国网江苏电力坚持正确选用导向，注重实干担当、实绩实效、基层基础，选拔政治素质过硬、敢于斗争、善于斗争的同志，以实绩论英雄，凭实绩用干部，加大在基层一线、斗争前线选用干部力度，把"干"的导向和"正"的风向切实统一起来。

1. 树立鲜明导向，正确选人用人

始终把政治标准摆在首位。把牢政治标准这个"硬杠杠"，选拔政治素质过硬、敢于斗争、善于斗争的同志，优先提拔使用在关键时刻或急难险重任务中经受住考验、表现突出、作出重大贡献的储备对象，坚决不用干部群众反映不佳、重大斗争面前怯阵退缩的人。注重公平公正任人唯贤。领导人员选拔任用原则上从储备对象中遴选，不唯票、不唯分、不唯排名、不唯年龄，一切看表现、听口碑、凭实绩，实现优秀年轻领导人员选拔任用常态化、规范化。注重围绕安全生产、优质服务、新型电力系统建设等主战场选优配强干部，加大在基层一线、斗争前线选用干部力度。坚持规划引领一以贯之。对照干部队伍"十四五"规划目标，全面对标找差，推动基层单位从源头开始系统规范地培养年轻干部，一体化推进省市县贯通培养使用，持续优化各层级干部队伍结构。关注功能结构，选优配强各级领导班子，统筹考虑年龄、经历、专长等方面因素，保持正职任期相对稳定，保证储备对象队伍建设稳定性和连续性。

2. 深化履职评价，精准知事识人

深化多维度多视角评价。注重全方位、多角度、近距离了解识别储备对象，经常性与各级党委和组织部门沟通交流，及时了解和动态深度反馈储备对象担当作为情况。围绕党风廉政责任、经济责任、领导责任等落实情况，与纪检、审计等部门共享专业评价态度，多角度收集履职典型特征。注重历史积淀评价。坚持人事相宜，人岗匹配，把研究人和研究事结合起来，提高对储备对象的识别和评价能力。加大对历史沉淀信息的甄别与收集，将画像信息、重要事件进行统一归集，实现全职业生涯纪实。强化评价结果应用，深度分析各类考评信息，从一时与一贯、正向与负向、定性与定量等维度开展科学分析研判。坚持考用结合，将考评结果与选拔任用、培养教育、管理监督、激励约束、问责追责等结合起来，鼓励先进、鞭策落后。

3. 突出科学系统，大胆选拔使用

科学设置选用流程。全面推行"先储备培养、后精准识别、经推荐考察、再选拔任用"选任流程，严格遵守《选拔任用工作规程》等有关规章制度要求，履行动议、民主推荐、考察、讨论决定、任职等"五大程序"，落实"凡提四必"制度和党风廉洁情况结论性意见"双签字"措施。加大人才选用力度。对储备对象中表现优秀的，及时打破任级早晚、职务类别等隐性台阶，大胆提拔使用，到更重要的岗位发挥价值；对有发展潜力、需要递进式培养的抓紧安排到关键岗位、复杂环境历练，助人才成长升级。畅通职业发展通道。完善职务、职员、专家三通道互通互转机制，为储备对象创造更多发展空间，持续激发储备对象活力动力。引入市场化竞争机制，搭好储备对象竞技舞台，鼓励储备对象亮出业绩、比拼才干，大胆展示自我，争取更多发展机会。

储备管理对象科学选用流程示意如图6所示。

图6　储备管理对象科学选用流程示意图

（六）以从严管理为保障，培育年轻干部健康成长"生态林"

国网江苏电力加大对储备对象的考核评价和监督管理力度，突出正向激励的人文关怀，坚持优进绌退，保障储备对象库始终为一池活水，为公司提供不竭人才源泉。

1. 健全考核评价，科学衡量能力本领

丰富日常考核。坚持将功夫下在平时，综合采用谈心谈话、驻点调研、培训观测、急难险重任务考察等方式，经常化、近距离了解储备对象的日常信息和具体事例。拓宽信息渠道，及时收集巡视巡察、任期审计、信访核查、安全督查等相关结果，多角度采集储备对象在重点工作中的表现、在大事要事难事中的担当。深入年度考核。结合领导班子和领导人员年度综合考评、员工年度绩效考核工作开展，重点通过360°德才测评、与储备对象所在单位党组织深入沟通、融入业绩考核结果的方式，掌握其实际综合表现，了解成长状态，确定个人考核评价等级和专业排名。及时反馈提醒。根据日常和年度考核所掌握的情况，建立储备对象考核档案和负面清单，形成"一人一档"考核评价结果，作为培养锻炼、选拔使用、动态调整的重要依据，并对考核结果不佳的储备对象及时反馈提醒，敦促改进提升。

2. 突出严管厚爱，激励队伍担当作为

前移监督关口。坚持监督引路，在储备人选入库前严格审查其人事档案、个人重大事项报告，全面征求纪委意见，深入开展违规经商办企和"影子公司""影子股东"等专项排查，及时发现苗头性倾向性问题。对储备对象重点关注、从严监督，加强党风廉政警示教育，变事后查处为事前预警。拓宽监督宽度。深化全景监督，整合组织监督、纪检监督、审计监督、群众监督等各类监督资源，融合传统监督与现代信息监督手段，了解储备对象8小时外社交圈、生活圈、朋友圈，构建立体化、大监督格局，形成浓厚监督氛围，促进储备对象守住廉洁底线。加大正向激励。坚持以人为本，在储备对象发生职务任免、工作变动、家庭变故，以及思想情绪异常波动或出现苗头性问题等情况时，组织上适时开展谈心谈话，主动排忧解难，强化人文关怀。对待储备对象在改革创新、先行先试中的问题，严格落实"三个区分开来"要求，综合考虑工作基础、外部环境、复杂矛盾、岗位特点等客观因素审慎判断，科学合理宽容失误。

3. 坚持优进劣退，营造争先领先氛围

紧盯关键表现。在储备对象晋升或退出后储备对象库产生空额时，优先补录在急难险重任务中表现突出、在艰苦复杂环境中实绩突出、在考评考核中一贯评价突出，以及专业队伍建设急需的优秀人员，始终保持储备对象一池活水。明确退出红线。秉持"一时优秀不代表一直优秀"理念，不以一次选拔定终身，明确处分处理、履职不佳、其他原因等三类十条退出红线，坚决将违反党的政治纪律和政治规矩、履职尽责不到位、群众认可度不高的人员动态调出，鲜明树立有为有位导向。动态调整更新。将定期调整与动态调整相结合，储备对象库在每年定期调整一次的基础上，发生机构改革、队伍情况较大变化等情形时，经用人单位决策和上级组织部门许可后，可每年增加一次动态调整补充，保障入库人员质量，推动形成能者上、优者奖、庸者下、劣者汰的干事创业氛围。

储备管理对象退出红线示意如图7所示。

处分处理
- 党纪处分（警告、严重警告、撤销党内职务、留党察看、开除党籍）
- 纪律处分〔警告、记过、记大过、降职（降级）、撤职、留用察看、解除劳动合同〕
- 组织处理（停职检查、调整职务、责令辞职、免职、降职）

履职不佳
- 年度考核不称职
- 年度绩效C级或D级
- 同层级年度综合考核中排名后30%

其他原因
- 个人健康原因
- 不愿接受组织安排
- 配偶已移居国（境）外
- 其他经组织研判后需要调出的

图7　储备管理对象退出红线示意图

三、省级电网企业基于"选育用管"全链条的优秀年轻领导人员储备管理的效果

（一）激活成长动力，队伍建设质效显著加强

得益于年轻领导人员储备管理机制建设运营，大幅提升了优秀人才队伍

建设的工作质效，充分激发了各类干部人才成长发展动力。通过建立"全链条"管理机制，贯穿发现储备、培养锻炼、选拔使用、管理监督等各环节，为党委选人用人提供了有力参考和充分储备。国网江苏电力现职三级领导人员365人，平均年龄49.6岁。三级正职队伍历练扎实、成熟度高，具有2个及以上三级单位"一把手"岗位经历78人，具有市县公司总经理岗位经历35人。三级副职队伍素质优秀、干劲充足，80后三级副职39人，其中17人具有县公司总经理岗位经历。四级正职梯队有序衔接、墩苗成长，85后四级正职人数从2021年初17人增长到76人。选人用人满意度达97%，位居国家电网系统前列，国网江苏电力内部形成了"高度信任组织，专注岗位奋斗"的良好氛围。

（二）激发干事创业，创新突破精气神持续提振

得益于年轻领导人员储备管理机制建设运营，国网江苏电力上下干事热情与创业动力得到进一步激发，争先领先率先精气神进一步提振，风清气正的政治生态进一步营造，一大批年富力强、充满活力的人才脱颖而出，成为经营管理的中坚力量。广大干部人才积极投身重大示范工程建设、重要科技项目研发，高质量投产白鹤滩—江苏±800千伏特高压直流工程及其配套送出工程，序时推进国内首个"交流改直流"输电工程±200千伏扬镇直流工程，推动13项500千伏工程纳入国家电力规划。发布全国首个省级电力系统碳排放分析平台和全国首个碳服务品牌，启动1265万千瓦海上光伏输电规划研究，投运全省首座数字孪生变电站，在国家电网系统率先完成碳排放数据溯源及核算试点，新型电力系统建设全面提速。国网江苏电力业绩考核连续保持国家电网系统第一名、实现"十一连冠"，领先优势进一步拉大。

（三）激励开疆拓土，企业责任担当不断彰显

得益于年轻领导人员储备管理机制建设运营，各级干部人才的政治意识、责任意识、担当意识得到有力增强。广大干部员工深入组织开展专业特巡4.7万人次，消除隐患1291条，高效应对"1·14"寒潮、"4·15""6·10"强对流恶劣天气，及时恢复受灾区域供电，充分彰显了电网企业"大国重器"的责任担当。成功申报国家电网实验室1个，研究成果获省科学技术奖一等奖3项、中国专利优秀奖5项、国家电网管理创新成果奖2项，7项成果入选首届

能源行业高价值专利技术成果，立项首个海上风电IEC国际标准，牵头的2个国家重点项目正式启动。国网江苏电力获评"公众透明度典范企业"，新媒体获评中央企业最具影响力新媒体二级账号，1项保密宣教作品获国家电网系统唯一的国家保密局一等奖。各专业在中央权威媒体发稿356篇，其中智慧知事识人平台实用化运行相关经验做法在《新华社内参》《党建研究》《国网动态》刊发，成功让苏电经验走出省域、走向全国。

12

以服务高质量发展为目标的电网设备技术监督管理

创作单位（部门）：国网江苏省电力有限公司设备部、国网江苏
　　　　　　　　省电力有限公司无锡供电分公司
主创人：张子阳、付　慧
参与创造人：秦　军、黄　芬、潘一璠、缪　金、刘建军、
　　　　　　李双伟、贾　骏、葛　鑫、常　帅、蒋　煊
荣获表彰：国网江苏省电力有限公司2023年度管理创新优秀
　　　　　　成果一等奖

[摘要]电网设备技术监督是防范事故发生、提高设备运行安全的重要基础，是提升设备质量、保障电网高质量发展的关键举措。面对公司高质量发展和新型电力系统加快建设的新形势新要求，国网江苏省电力有限公司聚焦主责主业，以设备运行可靠性提升为导向，建立健全"平台+专业"、省市两级联动技术监督体系，深化推进监督过程精益化执行、监督结果精细化应用、监督手段数智化升级、监督资源多元化保障，提升质量管控力、管理穿透力、数据驱动力和业务支撑力，形成了以高质量发展为目标的电网设备"一体四化"技术监督管理模式，全面提升设备设施质量和电网安全运行水平，2022年江苏地区主配网因设备质量原因导致的故障跳闸次数较2021年下降30.2%，城市综合供电电压合格率、重点城市供电可靠性达到国际先进水平，及时预警640余起设备质量劣化问题，节约运检成本6350万元以上，有力支撑现代设备管理体系建设和公司高质量发展。

国网江苏省电力有限公司（简称国网江苏电力）是国家电网有限公司规模最大的省级电网公司，现有13个市、58个县（市）供电分公司和17业务单位，服务全省4972万电力客户。拥有35千伏及以上变电站3316座、输电线路10.8万公里，形成"一交四直"特高压混联、"七纵七横"500千伏输电网的坚强网架。创新构建大规模源网荷储友好互动系统，建立我国特有的柔性精准控制负荷形成的"虚拟电厂"。2022年，江苏全社会用电量7399.5亿千瓦时，国网江苏电力售电量6461.2亿千瓦时，全年全网最大负荷86天过亿、最高达到1.31亿千瓦，业绩考核连续11年保持国家电网公司系统第一名。近年来，江苏电力全面贯通1000千伏苏通GIL综合管廊，成功投运苏州500千伏UPFC示范工程，取得了显著成效。

立足新形势新要求，国网江苏电力围绕"一体四翼"发展布局，以保障电网设备安全稳定运行为宗旨，深入贯彻落实现代设备管理体系建设要求，将技术监督作为夯实公司本质安全基础、推动公司高质量发展的重要举措，优化技术监督机制，创新监督方法手段，提升设备质量水平，确保"老问题不重复、新问题不增加、苗头性问题早遏制"。

一、以服务高质量发展为目标的电网设备技术监督管理的背景

技术监督是以法律法规为准绳，以技术标准为依据，以技术检验检测为手段，对电网工程建设和生产运行状况进行监测和管理，并将监督意见反馈到发展、物资、基建、运检等部门，确保电网安全可靠经济运行。技术监督是提升设备质量、支撑电网转型、促进提质增效的重要举措。

（一）推动设备质量提升，确保能源电力安全可靠供应的客观需要

电力安全关系国家安全、政治安全，要将防控大电网安全风险上升到保障国家安全的战略高度，纳入总体国家安全观。设备是电网安全的重要物质基础，保障设备质量可靠、运行安全是做好电力保供、确保能源安全的重中之重。当前，电网安全风险始终存在，新老设备问题交织叠加，新投设备质量问题频发，苏通GIL三支柱绝缘子运行中击穿、泰州换流站5633断路器瓷套炸裂、姑苏换流站5631电流互感器起火等事件，暴露出设计制造、安装调试等关键环节质量管控还存在短板；老旧设备隐患治理形势严峻，雷兹系电流互感器、抗短路能力不足变压器等主设备隐患缺陷问题突出，设备健康状态管控难度大。亟待深化电网设备技术监督体系建设，严格监督技术标准和反事故措施执行，加强设备质量源头管控，确保电网安全可靠运行，为全面建设社会主义现代化国家提供更加安全优质的电力保障。

（二）强化技术引领支撑，助力电网技术功能形态升级的必然选择

随着新型电力系统加快建设和数字化转型深化推进，"大云物移智链"等数字技术与电网生产经营深度融合，电网数字化水平不断提高，传统电网向能源互联网转型升级持续加快。技术监督作为统筹实物运动技术管理的核心手段，技术性是监督权威性和先进性的根本保证。当前，新设备、新技术、新业态不断涌现，智能运检装备、修试技术服务等方面质量管控水平滞后于工程实践，消防、储能等领域技术标准仍存在空白。亟待深刻把握技术监督工作的技术特性，推动技术标准体系健全完善，以技术标准贯通设备全过程质量管理，进一步拓展新业务监督覆盖面，强化人、财、物等传统要素及技术、数据、管理等新要素保障，加快技术装备升级和数智转型，为电网技术功能形态全面升级提供坚实的技术引领和监督保障。

（三）推动监督提质增效，深化现代设备管理体系建设的重要举措

国家电网有限公司2023年"两会"报告提出全面推进世界一流企业建设，加快现代设备管理体系建设的工作要求，为技术监督工作指明了方向。全过程技术监督是贯通设备实物运动主线的重要抓手，其运转质效直接关系到设

备管理的效率效益。当前，国网江苏电力现代设备管理体系建设纵深推进，技术监督主线作用不断增强，但在监督能力建设和工作机制方面还存在一定差距。基层技术监督力量薄弱，市县供电公司技术监督管理及执行力量不足，缺乏有效检测手段和试验平台，省市县三级监督力量逐级弱化。监督结果应用深度不足，存在各专业质量监督信息共享不充分、监督问题前端反馈和闭环整改机制不完善等问题。亟待不断强化技术监督主线作用，优化技术监督工作模式、创新监督方式，强化专业协同和责任落实，将机制优势转化为监督效能，提升设备本质安全水平和管理效率效益，为设备管理现代化转型和电网高质量发展赋能增效。

二、以服务高质量发展为目标的电网设备技术监督管理的主要做法

国网江苏电力以设备运行可靠性提升为导向，坚持统一标准、分级监督、独立开展原则，统筹技术与管理、建设与运行，建立健全"平台+专业"、省市两级联动技术监督体系，深化推进监督过程精益化执行、监督手段数智化升级、监督结果精细化应用、监督资源多元化保障，全面提升质量管控力、管理穿透力、数据驱动力和业务支撑力，形成了以高质量发展为目标的电网设备"一体四化"技术监督管理格局，提升设备设施质量和电网安全运行水平，有力支撑现代设备管理体系建设和公司高质量发展。以服务高质量发展为目标的电网设备技术监督管理体系如图1所示。

深化"一个体系"建设：优化技术监督组织模式，强化横向协同和纵向贯通，构建横向"平台+专业"、纵向省市两级联动的技术监督体系，推动监督体系高效运转。突出"四化管理"提升：监督过程精益化执行，因地制宜创新监督实施模式，开展新建工程"项目制"监督、在运设备"精准化"监督和关键领域"专题式"监督，全面提升质量管控力；监督手段数智化升级，通过建设技术监督样板间、推进技术监督移动终端融合应用、打造公司级质量信息共享平台，推动监督过程在线化、作业移动化和决策智慧化，全面提升数据驱动力；监督结果精细化应用，推动监督结果在供应商质量问题

图1 以服务高质量发展为目标的电网设备技术监督管理体系

处置、设备增量隐患源头遏制、技术标准制修订方面的深化应用，全面提升管理穿透力；监督资源多元化保障，从队伍建设、制度体系、科技创新等方面，为技术监督体系高效运转提供坚强支撑保障，全面提升业务支撑力。

（一）健全技术监督组织体系，完善工作机制

聚焦设备质量提升，优化公司技术监督组织管理模式，横向加强专业协同，整合监督资源，构建"平台+专业"监督体系，纵向深化管理穿透，实施两级监督，在地市公司层面设置技术监督中心，以互通共享、前端反馈、责任追溯"三大机制"为牵引，推动技术监督体系高效运转。

1. 强化横向协同，构建"平台+专业"监督体系

坚持以实物运动为主线，以设备为核心监督对象，聚焦特高压、主设备和关键材料，整合监督资源力量，构建"平台+专业"技术监督体系，优化专业监督范畴，提升监督管理质效。"平台"：聚焦直接影响电网安全运行的主辅设备、新型专业，开展协同难度大、闭环整改难的专业监督，发挥技术

监督办公室平台作用，统筹开展电气设备性能、电网运行与控制、材料、储能、辅助设施等专业的全过程技术监督。"专业"：聚焦业务运转良好、体系相对独立、内部机制健全的监督工作，由设备部、发展部、营销部、数字化部、建设部、物资部、调控中心等部门，归口开展电能质量、电测、环保、信息等专业的全过程技术监督工作。

2. 深化纵向穿透，加强两级监督统筹衔接

省、市公司分别成立以总经理为组长的技术监督领导小组，压紧压实各级技术监督办公室统筹协调和评价责任、各成员部门专业监督归口管理责任、基层单位和支撑机构实施主体责任。省公司层面，凝聚各成员部门（单位）技术管理合力，强化电科院、经研院的技术支撑定位，组建高水平监督团队，充实监督专家力量，合理引入产业单位、系统外专业机构等"第三方"监督力量，全面支撑全省全过程技术监督工作。地市公司层面，整合主业、产业及"第三方"资源，建成国网首批地市公司电网设备技术监督中心，纵向贯通市、县两级监督体系，横向集结输、变、配电专业管理合力，打造"1+N"（1个技术监督中心、N个检测试验室）技术监督支撑体系，全面承接技术监督各项业务在地市公司落地实施。截至2023年8月底，南京、苏州、无锡、常州、泰州5家地市公司技术监督中心已建成投入使用。

省市公司技术监督组织架构如图2所示。

3. 坚持质效并重，健全技术监督"三大机制"

构建监督信息互通共享机制。联动发展、建设、物资专业，贯通网上电网、e基建2.0、ECP平台数据，实现工程转序节点、关键质量信息、问题整改情况等信息融通共享，提升设备质量把关精准性和全面性。构建质量问题源端反馈机制。收集设备质量相关的隐患、缺陷、故障信息，组织发展、物资、建设、设备等专业通过集中会商方式，确定问题原因，制定针对性预控措施，推动修订基建设计、施工规范、物资采购标准、出厂试验标准，落实设备质量前端管控。构建质量主体责任追溯机制。常态化开展技术监督发现质量问题记分评价和主设备供应商运行绩效评价，将质量问题引起的设备隐患、缺陷、故障等纳入评价体系，对责任供应商进行公开记分评价，具象刻画供应商质量管控水平，强化技术监督预警先导，综合运用公示、告警、约谈、停标等手段，推动质量问题梯度化处置，促进上下游产业链良性发展。

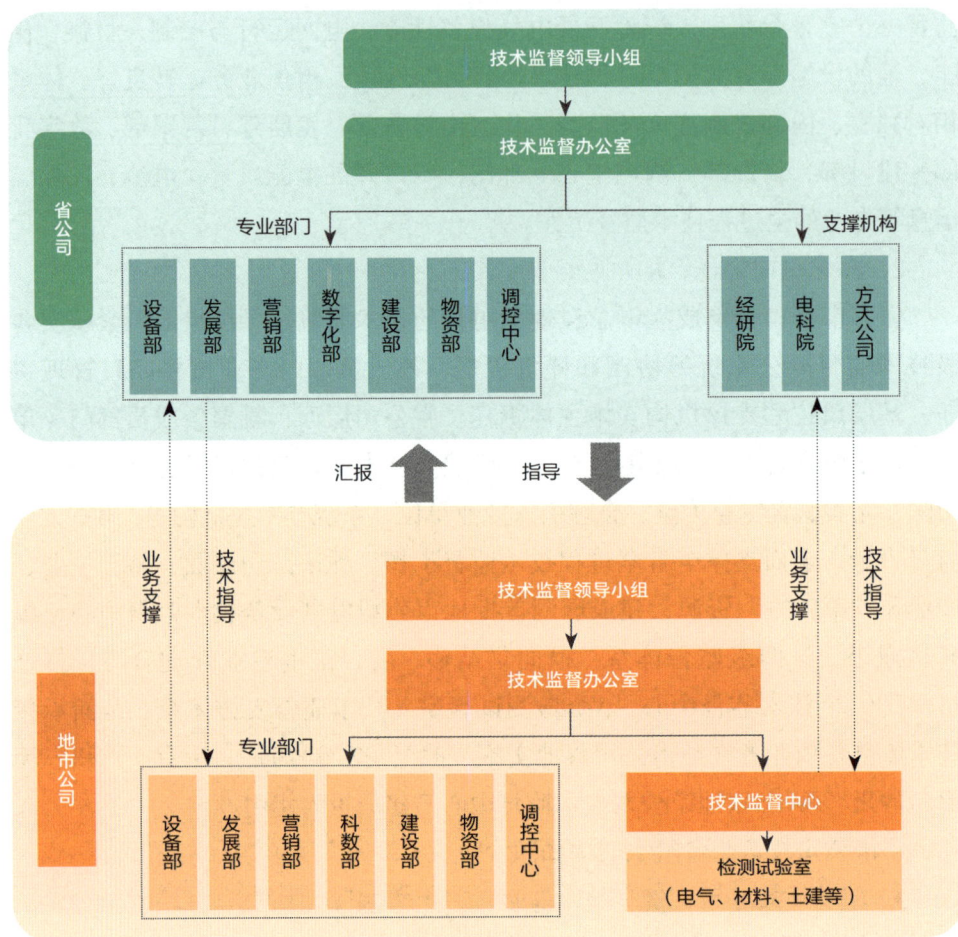

图2 省市公司技术监督组织架构

（二）推进监督过程精益化执行，提升质量管控力

以设备运行可靠性提升为导向，结合新建工程、在运设备、关键领域等监督需求，因地制宜采取项目制、精准化、专题式监督，全面提升设备质量管理水平，保障电网安全稳定运行。

1. 强化管控，开展新建工程"项目制"监督

围绕关键设备、关键组部件和关键环节，推进在建工程技术监督项目制管理，组建工程监督项目部，强化设备主人监督履责，严格标准反措刚性执行，强化质量问题闭环管控和源端反馈，保障电网新建工程高标准建设、高

质量投产、高可靠运行。组建"1+*N*"项目部，压实主体监督责任。按照"一工程一监督项目部"的原则，每项工程设立"1+*N*"技术监督项目部，配置1名项目经理和若干名项目副经理，结合工程实际组建专业覆盖全面的监督专业组。项目经理和副经理均由同级技术监督领导小组选派，原则上500千伏工程项目经理由省电科院副院长或地市公司分管领导担任，220千伏工程项目经理由地市公司设备部负责人担任。规范"一案一册"编制，明确现场监督要求。由项目经理会同项目部成员组织设计单位、生产制造厂家、建设施工等相关单位，编制项目规划可研、工程设计、设备采购、安装调试、竣工验收5个环节监督方案，制定技术监督项目制管理工作手册，明确监督重点和监督计划，指导现场实施。强化监督"硬约束"，确保工程安全投运。有序衔接工程建设环节，在规划可研、工程设计、设备采购、安装调试、竣工验收环节过程中同步提出技术监督意见，督促闭环整改。在电网基建工程启委会上通报技术监督开展情况，将技术监督报告结论作为工程投运的必要条件，突出技术监督权威性。

±200千伏扬—镇直流工程技术监督项目部组织架构示意如图3所示。

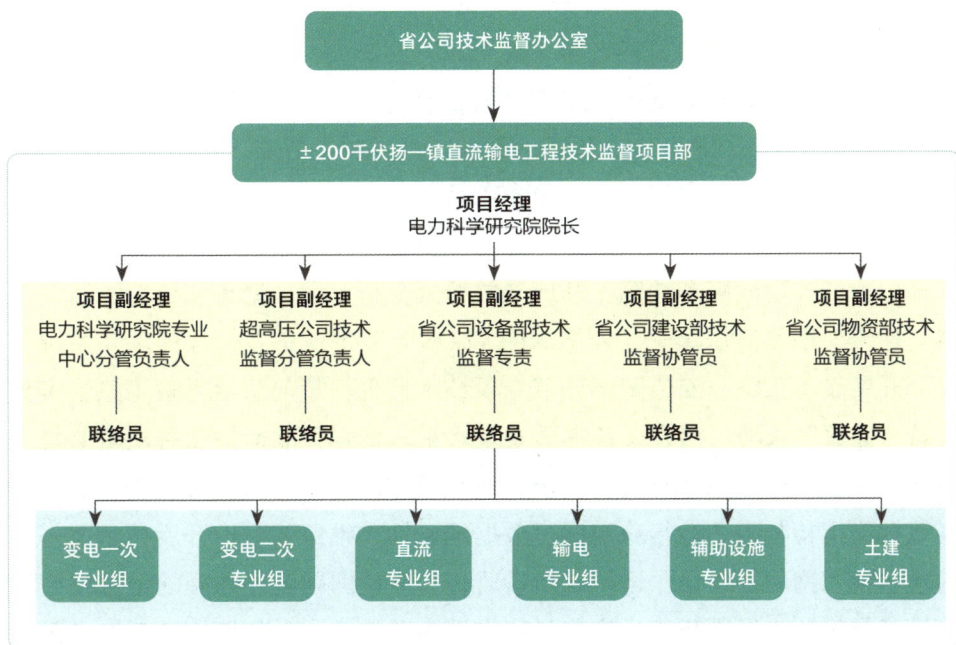

图3　±200千伏扬—镇直流工程技术监督项目部组织架构示意图

2. 聚焦重点，实施在运设备"精准化"监督

聚焦重点站线、关键设备及突出问题，深入开展新投运工程首检、运维检修阶段、设备隐患治理技术监督，细化设备管理颗粒度，提升设备运检全面性，加强质量管控前瞻性，保障在运设备安全稳定运行，夯实电力能源保供坚实基础。做好设备首检技术监督。细化首检试验分析，对首检试验项目、方法等开展现场监督，开展首检试验数据比对分析，及时发现设备潜伏性缺陷。对变压器、GIS等重要设备及投运前后出现过异常或故障的设备，开展首次检修过程旁站监督，提升设备检修质量。开展工程投产后基建遗留问题整改情况的监督检查，督促问题整改闭环。加强重点设备检修监督。强化全省换流站、特高压变电站年度检修期间检修方案审核、监督方案编制、现场监督、检修预试项目见证、外绝缘评估等监督工作，提升公司特高压安全和质量水平，切实防范重特大设备安全事故，确保电网安全稳定运行。强化隐患排查治理监督。分级建立设备隐患排查标准，统筹设备运行白皮书及区域高发设备问题，制定差异化设备隐患排查清单，全面梳理雷兹系电流互感器、抗短路能力不足变压器、A类断路器合闸电阻等重点隐患，组织制定隐患整改措施，把关隐患治理过程，确保存量隐患治理质量。

3. 靶向突破，推进关键领域"专题式"监督

统筹考虑专业发展方向、业务转型趋势、设备可靠性提升瓶颈等因素，构建监督重点动态调整机制，坚持"新技术补短板、新方法强弱项"，灵活制定专题专项监督检测方案，实现技术监督与专业管理同频共振、相融并进。开展主设备可靠性提升专项监督。针对设备运行中暴露出的影响范围广、经济损失大的典型故障和缺陷，开展异常原因分析归纳，聚集变压器、组合电器、换流变网侧高压套管、外绝缘RTV涂料等关键设备、关键部件和关键材料，开展设备采购、安装调试环节专项技术监督，超前防治风险隐患，实现设备"健康"入网，提升设备本质安全水平。加强智能运检装备质量监督。主动适应设备运检数字化转型需求，对在线监测、无人机、可视化、仪器仪表等智能运检装备的运行稳定性、数据准确性、维保及时性开展技术监督，构建包含入网质量监督、运行后质量监督、质量问题闭环处理的全过程质量管控工作机制，促进智能运检装备可靠性不断提升。强化检修试验技术服务监督。编发《设备修试技术服务监督工作方案》，从主业人员外包管控、供应

商服务质量等多个维度，强化带电检测、检修维保等技术服务过程管控和结果评价，切实发挥设备修试技术服务对设备缺陷预警、状态提升及故障分析的重要作用，促进设备检修质量精益求精。

（三）推进监督手段数智化升级，提升数据驱动力

基于PMS3.0顶层设计，以技术监督样板间推广、移动端融合应用、公司级质量信息共享平台建设为抓手，加强发展、建设、物资等数据贯通及业务联动，推动技术监督工作的数智化转型升级，实现技术监督业务在线化运转、监督移动化作业、管控智慧化决策，全面提升监督工作质效。

1. 推广技术监督样板间，实现业务在线化运转

全面推进技术监督样板间建设和应用，打破"常规监督"模式，实现监督业务全过程在线运转和精益管控。监督计划一键生成。依托电网资源业务中台和数据中台，实现运检、发展、建设、物资跨专业数据贯通，线上获取工程建设关键节点信息，一键生成辅助监督计划，提高技术监督时效性和精准性。监督任务自动派发。根据工程所属单位、监督计划时间、监督涉及专业等监督要素信息，科学匹配技术监督专家，自动派发监督任务，提升技术监督专业性和有效性。监督结果动态反馈。通过集成内网邮件、手机短信系统，将技术监督发现问题、预告警单、投产前技术监督报告等监督信息自动推动至主管部门技术监督工作联络人，保证信息传达及时，强化问题闭环管控。

2. 推进移动端融合应用，实现监督移动化作业

基于统一的共享平台、移动终端的融合应用，推动技术监督全业务移动开展，实现作业模式转型升级。拓展移动端应用，打造多元业务场景。开发部署技术监督移动端应用，迭代完善数字化标准体系、实物ID扫码识别等系统功能，依托工程编号和实物ID，实现设备全寿命周期履历信息实时调阅，辅助监督人员快速掌握设备状态，支撑监督专家"多场景、无纸化、高质效"开展监督工作。开发监督辅助功能，支撑移动作业开展。基于移动终端的信息实时交互、业务流程贯通等功能，实现可研初设评审意见、设备监造抽检记录、安装调试工艺执行、监督检测试验数据等关键信息的智能识别、自动上传及智能分析，自动提取形成监督问题，提升技术监督发现问题研判的便

捷性、流程可溯性、结果权威性。加强数据融合分析，推动作业模式转型。基于移动终端，实现质量分析报告、预告警单、投产前监督报告、质量预警信息等作业信息全方位关联。构建电网主设备知识库标准制度、设备资料动态更新机制，实现技术监督各阶段监督内容与技术标准智能适配，指导监督人员高质效开展监督工作，推动技术监督由"经验驱动"向"知识驱动"转变。

3. 打造公司级共享平台，实现管控智慧化决策

基于人工智能学习等先进数字技术，打造公司级质量信息共享平台，打破专业平台壁垒，实现跨部门信息贯通，搭建监督数据归集分析、质量问题智能预警、体系持续优化等典型应用场景。质量信息全面贯通，构建设备全过程质量画像。贯通设计、制造、施工、运检等环节监督信息，通过实物ID自动溯源设备质量问题数据，建立设备全过程质量信息画像，按设备类型、监督阶段、问题原因、装备厂家等维度进行分类归纳，周期性发布公司设备质量信息分析报告，提升技术监督透明度和公信力。质量问题智能预警，提供设备差异化监督管控策略。构建技术监督预警先导机制，前序监督发现问题形成典型案例，平台自动检索新建工程及在运设备相关信息，自动推送监督预警信息，针对未投运设备提醒监督专家动态调整监督重点，针对已投运设备提供差异化运检策略，提升设备安全稳定运行水平。质量管控持续优化，针对性补强标准机制薄弱环节。针对典型质量问题开展深度剖析，识别设备质量管控内部协同、对外约束等方面的管理薄弱环节，针对性制定提升举措，推动管理机制、技术标准优化完善，持续优化技术监督工作体系，全面提升技术监督工作质效。

（四）推进监督结果精细化应用，提升管理穿透力

充分发挥技术监督工作对设备可靠性提升和电网安全可靠运行的保障作用，拓展技术监督结果多维应用，构建技术监督结果与供应商评价联动机制，强化增量隐患源头遏制，推动技术标准修订完善，支撑电网工程和设备高质量发展。

1. 联动应用，严肃供应商质量问题处置

精准"治"，实施供应商质量问题记分考核。在供应商运行绩效评价体系

的基础上，细化编制《技术监督发现质量问题记分评价办法（试行版）》，综合考虑电压等级、设备重要程度、投运年限、是否累犯等因素，对监督发现质量问题的责任供应商进行记分，每记满10分，由省公司技术监督办公室向责任供应商发告警函，每记满20分，将对责任供应商进行专项约谈，约谈情况和考核结果将应用于物资/服务招标采购环节。从严"惩"，推动监督结果纳入供应商评价。结合技术监督工作成果，制定监督问题分级标准，统筹工程设计、设备制造、现场施工的质量问题，强化监督检测结果与供应商运行绩效评价协同联动，构建供应商质量问题处理机制，推动技术监督从解决单一零星质量问题向源头防治同类问题作转变。有效"防"，发布供应商运行绩效评价报告。针对全省22类、73个细度电网一次设备，开展近五年设备质量信息数据收集与审核，发布《国网江苏省电力有限公司2022年电网一次设备供应商运行绩效评价报告》，推动供应商不良行为惩治震慑一体发力，从源头引导供应商提升工程及设备质量。

2. 关口前移，强化隐患预防性排查治理

深度分析，提出典型问题防治举措。对技术监督发现的苗头性、倾向性、典型性质量问题，从产品设计、装配工艺、调试手段、验收举措、运检策略等维度对设备质量问题开展深度分析，制定针对性预控措施。在深入分析2021年以来新建工程及在运设备缺陷隐患基础上，汇总形成了典型质量问题96项，分阶段制定针对性提升举措228项。前置响应，强化隐患缺陷源头防范。畅通设备运检要求前置响应渠道，针对新建工程，推进提升举措落实到设计、采购、制造、施工、验收等前端环节，守牢设备入网质量关口，从源头遏制设备增量隐患。针对在运设备，明确隐患排查要求和治理举措，支撑差异化运检策略制定，推动存量隐患见底清零。权威发布，严格落实质量管控要求。对设备质量提升举措按设备及部件类型进行分类，以〔电技监督办〕专用文号正式发布技术监督工作意见，要求发展、物资、基建、运检等专业严格落实设备质量问题预控举措。截至2023年8月底，已发布《关于主变低压侧穿墙套管封板专项检查和整改工作技术监督的意见》《关于开展变电站室外平台底部建筑做法技术监督工作的意见》等技术监督工作意见（见图4），并在所有新建工程前期管控和在运设备隐患治理中落地实施。

普通事项

国网江苏省电力有限公司技术监督办公室文件

电技监督办〔2023〕1 号

**国网江苏省电力有限公司技术监督办公室关于
主变低压侧穿墙套管封板专项检查
和整改工作技术监督的意见**

各市供电公司，国网江苏经研院、国网江苏电科院、国网江苏超
高压公司、国网江苏电力工程咨询公司：

2023年6月10日，苏州 220 千伏庆丰变 1 号主变 35 千伏侧穿套
管封板金属边框被大风吹落，掉落在主变 35 千伏侧母线排上造成相
间短路，导致 1 号主变故障跳闸。

为提升主变压器运行可靠性，设备部组织对故障原因开展分析，
梳理主变低压侧穿墙套管封板的设计方案及标准工艺，提 出 如 下
技术监督意见：

一、穿墙套管封板边框脱落原因分析

普通事项

国网江苏省电力有限公司技术监督办公室文件

电技监督办〔2023〕3 号

**国网江苏省电力有限公司技术监督办公室关于
开展变电站室外平台底部建筑做法
技术监督工作的意见**

各市供电公司，国网江苏经研院、国网江苏电科院、国网江苏超
高压公司、国网江苏电力工程咨询公司：

2023年8月8日，220千伏宿迁变 2 号主变 10 千伏侧母管上方平
台金属吊顶部分脱落，易引发主变低压侧近区相间短路，存在较
大安全隐患。

为提升主变压器运行可靠性，设备部组织对缺陷原因开展分
析，梳理吊装平台底部建筑做法的设计、施工注意事项。在此基
础上，提出以下技术监督意见：

一、平台吊顶脱落原因分析

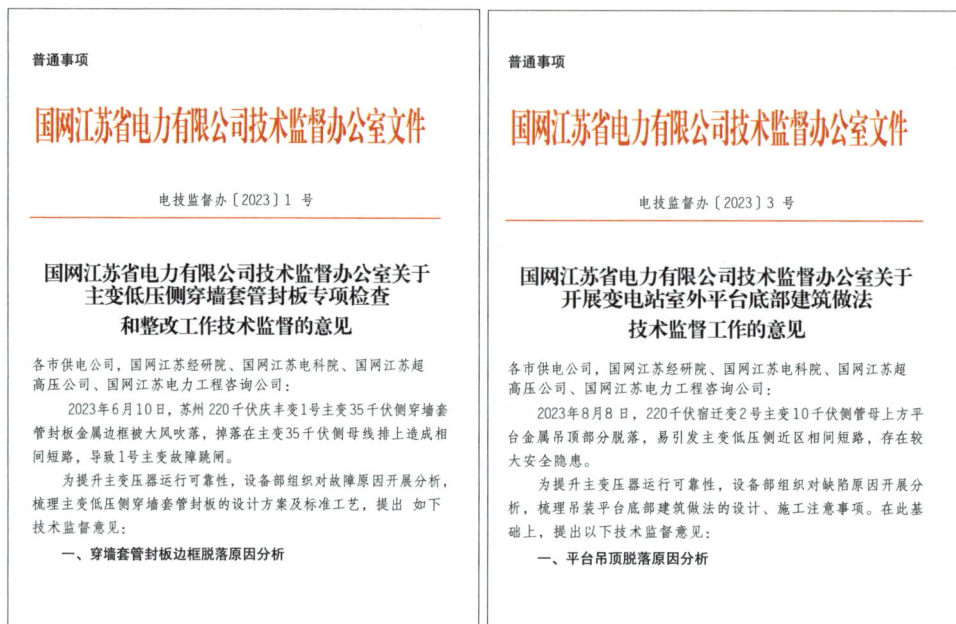

图4 发布技术监督工作意见正式文件

3. 技术引领，推动设备技术标准制修订

围绕典型问题，常态开展标准制修订。围绕技术监督发现的典型问题，常态开展技术标准和反措条款梳理，对标准规范不完善、技术参数不适用、技术要求表达不明确等情况，组织开展技术标准制修订工作。构建协调机制，统一差异化标准条款。建立健全公司设备技术标准差异化条款协调机制，常态化开展设备管理与发展、基建、物资技术标准间差异问题的收集与分析，形成统一技术标准，消除现场执行差异。聚焦前沿领域，推动标准立项研制。聚焦新型电力系统背景下大电网稳定运行和设备可靠性提升等新命题，系统开展标准需求分析和布局，有序填补技术标准空白。牵头立项国家电网系统首个消防监督专项标准《变电站（换流站）设备消防技术监督规范》，将"江苏经验"升级为"国网标准"。

（五）强化监督资源多元化保障，提升业务支撑力

1. 强化监督力量支撑，打造专业监督队伍

培育核心能力，构建基层监督网络。定期组织开展监督规范、技术标

准、业务流程和检测技能培训，提升设备主人监督履职意识和检测核心能力，严格保证项目部成员设备主人占比，提升运检人员重点工程、重要设备监督管理能力，打造"检查+检测"并重的专业监督队伍。整合专业资源，培育"第三方"监督队伍。依托项目制及在运设备技术监督实施，合理增配"第三方"监督力量，固化电科院、经研院等技术监督专家队伍，按需聘请中国电力科学研究院、其他省公司知名专家、公司三级及以上专家，参与关键环节和重大问题的监督分析，提升技术监督客观性、权威性。择优选拔培养，打造领军专家人才。按照"择优选拔、全面覆盖、定期调整"原则，组建包含10个专业方向的技术监督专家库，明确技术监督专家库准入和退出机制，强化监督专家履职尽责。将技术监督业绩作为高级专家评选条件之一，强化"一锤定音"监督专家培育，激发监督质效提升内生动力。

2. 规范监督运行管理，健全制度保障体系

推动制度规范建设，夯实管理基础。总结省内设备管理及技术监督实践经验，编制《全过程技术监督实施细则》，推动工程建设、设备制造、设备运检标准统一执行，修订完善《技术监督标准化实施手册》《技术监督项目制管理典型方案》等制度规范文件，形成内容全面、标准一致的技术监督实施细则，确保技术监督工作"有章可循、有据可依、与时俱进"。制定专项监督方案，规范实施要求。组织编制设备可靠性提升专项技术监督方案、智能运检装备质量监督工作方案、设备带电检测质量监督工作方案、公司重点工程技术监督项目制实施方案等，指导专项监督落地实施。健全评价考核机制，激发创效活力。完善技术监督工作质量评价及重大监督问题专项奖励机制，对监督发现的重大问题、设备隐患纳入专项奖励，开展技术监督单位、项目和个人评优，选拔公司级首席技术监督专家，激发监督人员工作积极性和创造性。

3. 强化科技创新引领，推动装备系统研发

面向现场需求，开展技术监督特色研究。依托科技项目及示范应用工作，开展管廊环境下GIL非接触式振动巡检与监测技术研究、基于高频信号智能分析的移动式GIS设备局部放电监测技术研究等前瞻性、实用性科技项目研究，加强重点领域科技攻关。深化智能转型，研发技术监督系统平台。研发变压器健康管理系统并在PMS 3.0成功上线，实现全省6000余台变压器的健康

状态评估、缺陷诊断分析，支撑设备隐患高效排查。建成无人机性能检测检测平台、油色谱在线监测装置校验平台等新型监督检测试验平台，把控装置入网质量。突出技术赋能，创新技术监督装备研发。研制小型化变压器油色谱远程监护装置，在泰州换流站、淮安换流站等安装应用，有效解决色谱异常设备长期监测精度不足难题。研发适用于电力场景的高精度光学麦克风，开展局部放电超声监测仪、声成像仪、光纤水听器以及储能电站可燃气体检测仪等多场景示范应用，确保设备状态"可控、能控、在控"。

三、以服务高质量发展为目标的电网设备技术监督管理的效果

（一）提升设备质量，保障电力供应

通过构建以服务高质量发展为目标的电网设备技术监督管理体系，切实推动设备质量提升，确保电网安全可靠运行。护航新建工程零缺陷投运，发现ABB换流变出厂试验局放异常等重大问题372项，推动提升设备材料和工艺质量，助力白鹤滩入苏工程及16项220～500千伏新建输变电工程顺利投运。保障在运设备可靠运行，2022年江苏地区主配网因设备质量原因导致的故障跳闸次数较2021年下降30.2%，城乡供电质量显著提高，城市综合供电电压合格率、重点城市供电可靠性达到国际先进水平，扬子石化、无锡国家超算中心等核心重要用户供电可靠率超过99.999%。

（二）支撑电网升级，彰显责任担当

通过构建以服务高质量发展为目标的电网设备技术监督管理体系，持续拓展技术监督广度和深度，全面支撑传统电网向能源互联网变革升级。有力支撑电网技术功能形态升级，全面开展在线监测、数字化表计、可视化、仪器仪表等智能运检装备专项技术监督，推动智能运检装备质量稳步提升，2022年智能运检装备缺陷率为8.91%，较2021年下降了7.32个百分点，有效助力巡视、操作"两个替代"。引领上下游产业链高质量发展，通过技术监督

体系的建设完善，为各类电网设备及装备的设计指导提供科学规范的技术标准，引导产业链上下游的设备制造商从生产源头提升设备质量，夯实新型电力系统建设发展基础。2022年对178个物资/服务供应商实施质量问题梯度化处置，修订完善设备采购、施工建设等技术规范21项，主设备验收一次性通过率较2021年提升51.7%，设备及装备入网质量显著提升。

（三）提高管理水平，实现降本增效

通过构建以服务高质量发展为目标的电网设备技术监督管理体系，国网江苏电力省市两级"平台+专业"技术监督新体系运转良好，技术监督工作机制持续优化，监督效能加速释放，2022年国网江苏电力技术监督年度工作质量评价获国家电网系统第一。技术监督体系高效运转，引入"直属单位+产业单位"第三方监督力量，推进90项新改扩建工程项目制监督管理，开展电气、金属、土建、消防等专业监督，累计发现并整改重要及以上问题1023项。技

术监督数字化转型稳步推进。率先建成PMS3.0技术监督样板间应用，推进基建、物资跨部门数据贯通，共享工程建设计划和设备制造质量信息3800余条，初步实现全专业协同，打通设备实物运动主线。技术监督质效持续提升，结合在运设备检修周期、运行状态、故障缺陷情况，开展设备全寿命周期技术监督，实现电网设备健康状态评估、缺陷诊断分析，及时预警640余起设备质量劣化问题，直接减少故障抢修1530余人·次，节约运检成本6350万元以上，全年减少损失电量1460万千瓦时，增加售电收入944.62万元。